AF554587

SOCIÉTÉ HISTORIQUE DE COMPIÈGNE

DESCRIPTION
DES
FOUILLES ARCHÉOLOGIQUES

Exécutées dans la Forêt de Compiègne

Sous la Direction de M. Albert de ROUCY

Par V. CAUCHEMÉ

Inspecteur du Palais de Compiègne

Membre Titulaire de la Société Historique de Compiègne

DEUXIÈME PARTIE

COMPRENANT :

1° *Les Fouilles de la Carrière-du-Roi.*

2° *Les Caves Gallo-Romaines.*

COMPIÈGNE

IMPRIMERIE DU PROGRÈS DE L'OISE

17, RUE PIERRE-SAUVAGE, 17

1902

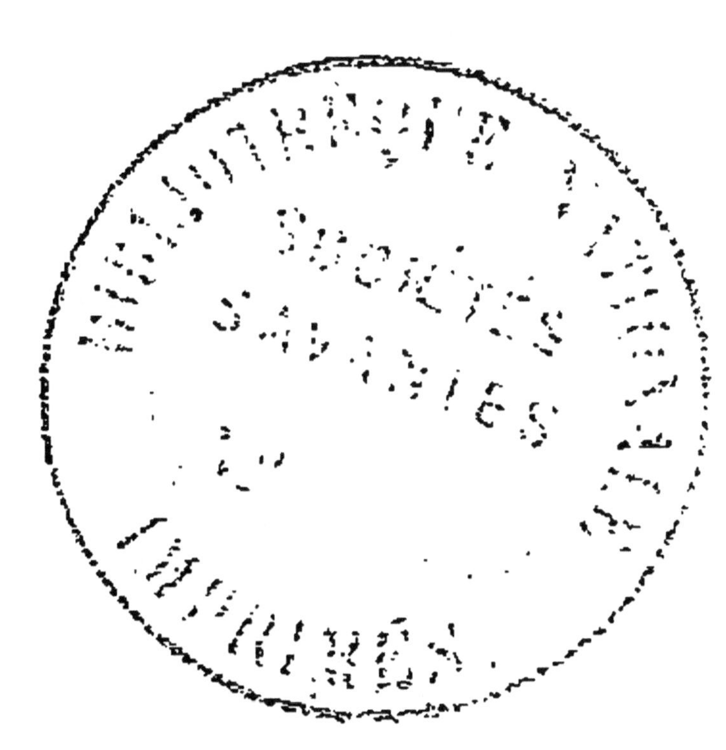

DEUXIÈME PARTIE

FOUILLES DE LA CARRIÈRE-DU-ROI

CAVES GALLO-ROMAINES

LA CARRIÈRE-DU-ROI

LA CARRIÈRE-DU-ROI

La Station Gallo-Romaine du lieu dit la Carrière-du-Roi, canton de la Garenne-du-Roi, forêt de Compiègne [1].

Dans une notice lue, le 31 mars 1875, à la réunion des Sociétés Savantes, à Paris, M. Albert de Roucy s'exprimait ainsi, au sujet de la description d'une statue en pierre découverte, en 1871, dans les fouilles de la Carrière-du-Roi :

« Parmi tant d'emplacements antiques à signaler dans la forêt de « Compiègne, un des plus importants, des plus riches en vestiges de toutes « sortes, c'est sans contredit celui situé au canton de la Garenne-du-Roi, « au bas du versant ouest du plateau où se trouve le petit hameau dit : le « Four-d'En-Haut, sur la droite du chemin de grande communication « conduisant de Compiègne à Villers-Cotterêts. Cet emplacement est « traversé par la voie romaine qui parcourt la forêt depuis Saint-Etienne « jusqu'à Champlieu, et tout y indique une station de halte sur cette « grande voie.

« A droite et à gauche de celle-ci étaient venus se grouper des habi- « tations, des ateliers, quantité d'établissements dont les fondations et « substructions ont été mises à jour par les fouilles relativement étendues « que j'y ai dirigées. »

[1] Communication faite à la Société historique de Compiègne, dans sa séance du 20 février 1896.

C'est dans la pensée de compléter ces indications, par les relevés et les renseignements pris sur place au moment de l'exploration, que je viens aujourd'hui vous entretenir de cette station antique remontant environ au troisième siècle.

Comme le démontre M. Albert de Roucy, ce village gallo-romain est situé dans le cantonnement de la Garenne-du-Roi, au lieu dit la Carrière-du-Roi, près et à droite de la route empierrée allant de Saint-Jean-aux-Bois à Villers-Cotterêts, à 300 mètres de distance du hameau le Four-d'En-Haut, à 600 mètres du poste forestier de Saint-Nicolas-de-Courson et à 1.800 mètres du village de Saint-Jean-aux-Bois. (Voir planche I).

Cette agglomération d'habitations détruites, comme en partie toutes les autres stations de cette époque, au moment de l'invasion des Francs, offre, par son ensemble et ses vestiges, un intérêt réel, non seulement au point de vue de son étendue, mais aussi par les découvertes qui y ont été faites sous la direction si intelligente de M. de Roucy.

La partie explorée donne une surface de cinq hectares environ.

Les restes des habitations mis à jour longent la voie romaine (chaussée Brunehaut), sur un parcours de 450 mètres. Ces constructions établies en pierres et distancées souvent les unes des autres, n'offrent aucun alignement bien déterminé par rapport à la chaussée principale ; tantôt la maison bordait la voie antique et plus loin elle s'en trouvait éloignée de 4 à 5 mètres. En général, chaque habitation devait comprendre deux pièces, une cour entourée d'un mur et quelquefois un petit bâtiment servant de dépendance, se trouvait adossé contre ce mur. Des restes de dallages en pierre brute, formant trottoirs, ont été rencontrés le long de la chaussée ainsi que plusieurs puits devant servir à un usage commun. (Voir le plan général, planche II.)

Quoi qu'il en soit, ces habitations construites en maçonnerie de pierre posée régulièrement et par petits appareils taillés souvent avec soin et couvertes en fortes tuiles avec couvre-joints en terre cuite, indiquent une civilisation déjà avancée et prospère. Cette population, par ses mœurs et ses goûts simples, son industrie locale, se nourrissant souvent du produit de la chasse, devait être à l'abri de la gêne.

Un groupe de substructions a attiré particulièrement l'attention au moment des travaux d'explorations. Cet ensemble de constructions se trouve situé près du chemin de Morienval, sur le versant Nord d'une petite montée. Un plan dressé en 1868 en donne la description suivante : (Voir le plan et la vue cavalière, planches IX et X).

La lettre A. — Indique un puits isolé donnant vers la voie romaine ; la margelle en pierre, d'un seul morceau, était encore près de l'orifice. (Profondeur du puits : 12^{m}00.)

La lettre B. — Indique l'entrée principale formant portique.

Les lettres C. D. — Pièces d'habitations.

Les lettres E. E'. — Corridor et dégagement.

La lettre F. — Grande pièce de dégagement dans laquelle se trouve établi l'entrée du foyer de l'hypocauste.

La lettre G. — Pièce dont le sous-sol était chauffé et qui devait être utilisée comme salle de bains à air chaud.

La lettre H. — Pièce d'allée et chauffée comme la précédente.

La lettre I. — Pièce annexe.

La lettre J. — Dégagement avec cour dans laquelle donne accès le soupirail d'une cave.

La lettre K. — Cave ou sous-sol (l'escalier n'a pas été rencontré ; il était peut-être en bois).

La lettre L. — Autre cave avec descente en pierre.

Les lettres M. — Cinq petites pièces avec sous-sols formant caves.

La lettre N. — Cour.

Comme il est facile de le voir, cette réunion de constructions bien faites semble indiquer la demeure d'une famille plus riche dont le chef occupait probablement une situation élevée au milieu de cette population.

Plusieurs tronçons de colonnes en pierre ornés de moulures et des débris de sculptures ont été rencontrés dans le sol.

Dans l'intérieur de cette grande habitation il a été trouvé, savoir :

Une certaine quantité de ferrements à l'usage de la construction, des pentures, pivots, gonds, clefs, outils en fer ; des morceaux de ferrements provenant de roues de voitures, d'harnachements de chevaux ; une enclume en fer, des fragments de chaînes, etc ;

Trois petits bustes (rieurs) en terre cuite blanche ;

Des débris de poteries de formes et couleurs variées ; des morceaux, en assez grand nombre, de vases en terre rouge ornés de dessins en relief, des vases en verre brisés ;

Des petites pierres cubiques provenant d'une construction plus soignée dont le parement bien taillé était orné de stries en losange ; des dés en pierre pour recevoir des poteaux ; des meules en granit ;

Des ossements d'animaux, de bœuf principalement, des coquilles d'huîtres et de moules ; différents autres débris ; des résidus de cendres, etc.

A défaut d'un monument important, la partie la plus intéressante des fouilles exécutées à la Carrière-du-Roi, a été la mise à jour des restes d'une construction servant de bains publics à air chaud. Cet établissement parfaitement déterminé comme fondations et parties de murs en élévation, se trouve reproduit sur les planches III et IV par un plan général et une vue cavalière, et, pour les détails, sur les planches V, VI et VII.

Les murs sont construits en pierre et moëllons de provenance locale, par assises de faibles hauteurs, 0,14 à 0,16 centimètres seulement ; les parements bien dressés et taillés à la laie. On remarque, sur certaines parties plus soignées, des tailles très régulières imitant le parement en arêtes de poissons. Cette particularité, assez répandue dans les constructions de l'époque gallo-romaine, ne s'explique que par le genre habituel du travail des ouvriers dont on rencontre les mêmes traces sur les murs extérieurs des maisons bien faites du Mont-Berny. Cette taille offrait à l'œil un parement moins nu qu'un simple ravalement ordinaire, tout en donnant un effet de décoratien à l'ensemble des façades. Pour le parement intérieur la taille était plus rustiquée et presque toujours préparée de manière à recevoir un enduit en mortier recouvert de stuc et quelquefois orné de peintures. Plusieurs morceaux de cet enduit peint ont été découverts dans les recherches des murs des habitations de la Carrière-du-Roi.

Les sous-sols de ces bains, garantis par le plancher supérieur, étaient bien conservés, les piliers de 0^{m}60 centimètres de hauteur, formant supports du plancher en ciment et en même temps galeries pour le passage de la chaleur, étaient construits en carreaux carrés de terre cuite mesurant 0^{m}20 centimètres à la base pour arriver à une forte dimension dans la partie supérieure, ce qui donnait une forme un peu ogivale à l'ensemble des galeries. (Voir la coupe d'une salle et de la baignoire planche VII.)

Au moment des travaux des fouilles, le sol de ces galeries de chauffage était encore recouvert, sur plusieurs points, d'une couche de cendres.

Une baignoire, établie en maçonnerie, à droite de la première salle, avait les parois intérieures enduites en mortier de ciment revêtu d'une légère couche de stuc. Cette disposition a été également rencontrée aux thermes de Champlieu. Dans le fond de cette baignoire était percé un trou avec un tuyau en plomb de 0,08 centimètres de diamètre. Ce tuyau traversait le mur et servait à la vidange de la baignoire et les eaux s'écoulaient au dehors. (Voir planche VII.)

Dans la pièce demi-circulaire et située à droite de la deuxième salle, des fiches en fer ont été rencontrées dans le parement de la pierre, à la hauteur du plancher en ciment. Ces fiches devaient faire corps avec l'épaisseur de l'enduit du plancher de manière à arrêter toute infiltration de fumée dans la salle à air chaud située au-dessus.

Pour bien faire comprendre l'usage et l'importance de cet établissement, il importe de se reporter à la description faite, en 1871, à l'Académie des Inscriptions et Belles-Lettres, par M. le général Morin, dans une note dressée sur les chauffages à air chaud.

M. le général Morin, dans sa comparaison sur les différents moyens de chauffage employés à l'époque gallo-romaine, dit :

« Le principe du mode de chauffage du sous-sol des bains publics,
« des thermes à air chaud, et même des habitations privées, mis en
« usage par les romains, me paraît, d'ailleurs, le plus convenable pour
« certains édifices publics. . . . .
« . . . .

« J'ai été guidé dans cette étude par quelques-uns des ouvrages
« spéciaux d'archéologie et par des observations directes sur certains
« établissements qui existaient dans les environs de Compiègne, si riches
« en souvenirs de l'occupation romaine.

« Trois hypocaustes, destinés à chauffer des étuves à transpiration
« ou thermes à air chaud, ont été découverts, depuis quelques années,
« par les fouilles que M. Albert de Roucy était chargé de diriger.

« L'un situé au lieu dit le Mont-Berny, auprès de Pierrefonds, à
« gauche de la route d'Attichy ; le second, dépendant des thermes de
« Champlieu, est plus vaste ; le troisième, découvert en 1868, au lieu dit
« la Carrière-du-Roi, canton de la Garenne-du-Roi, dans la forêt de
« Compiègne, sur la droite de la route de Compiègne à Villers-Cotterêts,

« près de Saint-Jean-aux-Bois. Ses parties souterraines étaient alors en « assez bon état de conservation. . . . .
« . . . .

M. le général Morin poursuit ainsi :

« Ces observations faites, je me contenterai de rappeler qu'en général, « dans les thermes publics, et, en particulier, dans ceux que je viens de « citer, la disposition en usage était la suivante :

« Un foyer carré (voir la planche IV), précédé d'une petite cour de « dépôt, recevait le combustible ; au-delà du foyer, un passage à parois « verticales, dans lequel on pouvait aussi introduire un peu de bois, pour « aider au tirage, d'une largeur variable du tiers ou du cinquième de celle « du foyer, livrait passage à la flamme et aux gaz chauds produits par la « combustion.

« Ce passage débouchait sous le sol de la première salle C, appelée « *sudatorium*, de dimensions plus ou moins considérables, selon l'impor- « tance de l'établissement, et séparée de la salle suivante D, par un mur « de refend, dont la partie dépendante du sous-sol ne laissait, pour le « passage des gaz chauds, que des orifices plus ou moins rétrécis.

« Plus loin, la salle D, appelée *tepidarium*, était également limitée « par un mur de refend, dont la fondation, dans le sous-sol, n'offrait plus « qu'un ou deux passages aux gaz, sous le plancher.

« Les hypocaustes du Mont-Berny et des thermes de Champlieu ne « laissent voir aucune disposition ultérieure pour le passage des gaz « chauds et de la fumée.

« Mais, en examinant, avec soin, sur les lieux, l'hypocauste de la « Carrière-du-Roi, avec M. de Roucy, nous y avons trouvé, le 12 mai 1871, « dans le mur de refend de l'avant-dernière pièce (voir les planches V « et VI), deux orifices prolongés par deux petits conduits de 0,20 centi- « mètres de largeur sur 0,28 centimètres de hauteur, aboutissant à deux « tuyaux verticaux semi-cylindriques ménagés dans l'épaisseur du dernier « mur, et dont l'un, encore très suffisamment conservé dans toute sa « paroi, ne permet d'avoir aucun doute sur l'existence d'un tuyau d'éva- « cuation des gaz chauds produits de la combustion. Nous avons fait « dégager complètement ces conduits.

« Les indications qui précèdent permettent de se rendre compte du « mouvement des gaz et des effets calorifiques obtenus dans les différentes « parties souterraines et supérieures d'un hypocauste du genre de ceux « que nous examinons.

« Le foyer, dans lequel on jetait le bois, devait être nécessairement « couvert et fermé au-dessus, car sans cela, tous les produits de la « combustion, gaz chauds, fumée et vapeur, se seraient répandus dans « l'air, et y auraient dispersé la chaleur développée sans aucune utilité « pour le chauffage. La combustion pouvait s'établir de la manière « suivante :

« Les tuyaux verticaux d'évacuation de l'extrémité du bâtiment « déterminaient un appel naturel, qui pouvait être au besoin et au « préalable, excité par un petit feu allumé vers leur branchement hori- « zontal, ainsi que cela se pratique encore aujourd'hui pour les foyers à « flamme renversée.

« L'appel, une fois déterminé, s'accélérait de plus en plus avec « l'activité du feu, jusqu'à la marche normale.

« La flamme, la fumée, les gaz et les vapeurs, produits de la distilla- « tion du bois, passaient par le conduit rétréci, allongé et couvert, qui « suivait le foyer et pouvait même en faire partie; ils y avaient une « vitesse assez grande, par suite du rétrécissement analogue à celui que « présentent nos cheminées au-dessus du feu. Cette vitesse était suffi- « sante pour entraîner jusqu'à une assez grande distance des cendres et des « charbons.

« Dans l'hypocauste de la Carrière-du-Roi, lors des premières « fouilles, le conduit B (Planche IV) était, en effet, à moitié rempli de « cendres, et il s'en était déposé sous le *sudatorium* une large nappe, « analogue aux attérissements sablonneux ou limoneux qui se forment « aux embouchures des fleuves; on en trouve même encore les traces, « reconnaissables à leur couleur, dans la terre des décombres.

« Ce courant de gaz chauds parvenait ainsi dans le sous-sol du « *sudatorium*, s'y répandait librement et en échauffait les parois, en y « perdant sa vitesse et une partie de sa chaleur. Il n'est peut-être pas « inutile de dire que la température de ce mélange d'air et de fumée peut « s'élever à plus de 150° ou de 200°.

« Les orifices de communication avec le sous-sol du *tepidarium*

« présentaient, au passage d'un de ces espaces à l'autre, un obstacle « analogue, comme nous l'avons dit, à ce qu'en hydraulique on nomme « un étranglement, dont la présence détermine, entre un réservoir d'amont « et un réservoir d'aval, une différence de niveau. Il en résultait que la « pression, la densité des gaz, et par suite, la quantité de chaleur qu'ils « contenaient, étaient plus grandes sous le *sudatorium* que sous le « *tepidarium*.

« Un effet analogue était produit par les passages restreints, qui « établissaient la communication du *tepidarium* D avec la pièce suivante, « et ainsi de suite, jusqu'à ce que le mélange de gaz eût atteint le tuyau « d'échappement formant cheminée, dont il ne reste de traces que dans « l'hypocauste de la Carrière-du-Roi ; mais que l'on retrouvera certaine« ment dans les autres établissements analogues que l'on découvrira, « quand l'attention se portera sur ce côté important des recherches.

« Ce que nous venons de dire montre bien comment le mélange de « gaz chauds et de vapeurs circulait dans la partie souterraine de ces « établissements, que l'on nommait l'hypocauste, et comment s'établis« saient dans les salles supérieures, les différences de température voulues ; « mais il nous reste à parler d'autres dispositions, non moins remar« quables, et qui étaient nécessitées par la destination même des établis« sements.

« Il n'est pas inutile de faire remarquer d'abord que, parmi les gaz « chauds, résultant de la combustion du bois, il s'en trouve de plus ou « moins délétères, tels que l'acide carbonique et l'oxide de carbone, ainsi « que de la vapeur d'eau et de l'acide acétique, dont il importait d'empêcher « l'introduction dans les salles. C'est dans ce but que le premier dallage « établi sur les piliers de l'hypocauste était recouvert d'un bétonnage « de $0^{m}14$ à $0^{m}15$ centimètres d'épaisseur, fait en ciment de tuileaux, qui, « résistant très bien à la chaleur, n'était pas sujet à se crevasser, et que « l'on recouvrait d'un second dallage, fait avec soin, sur lequel était « étendue une couche de stuc poli.

« Les vapeurs, qui se condensaient au contact de la partie souter« raine des parois de l'hypocauste, en y abandonnant la plus grande « partie de leur chaleur, étaient recueillies dans l'espèce de caniveau « formé par la pente donnée à l'aire en béton, qui constituait le sol de cet « hypocauste ; disposition indispensable et sans laquelle les fondations

« des piliers, construits simplement en argile mêlée de bourre, auraient « été minées peu à peu par l'humidité. . . . . , ...

. . . .

« Dans les établissements dont nous nous occupons ici, les salles « principales n'étaient que des étuves, où la chaleur provoquait la trans-« piration. Les bains n'y figurent que comme des accessoires. Dans « quelques-uns, les baignoires, en mortier hydraulique ou en pierre, « étaient chauffées, comme les salles, par la circulation souterraine des « gaz chauds de l'hypocauste ; dans d'autres, comme à Champlieu, où il « y avait deux baignoires, celles-ci l'étaient en outre par des foyers « spéciaux. Quelquefois aussi, les chaudières étaient établies sur le « foyer principal. »

Je termine l'extrait des citations d'un savant dont l'autorité en la matière est incontestée, mais ces explications, souvent très détaillées, étaient nécessaires pour attirer l'attention sur l'importance de la découverte des bains de la Carrière-du-Roi.

En dehors de la description des constructions mises à jour dans cette station antique, je crois devoir donner ici la désignation des principaux objets et monuments découverts dans les fouilles, savoir : [1]

Plusieurs haches en silex finement polies.

Une statue en pierre, représentant un *Mercure*. (Voir la description de ce monument à la page 75.)

Un seau en bronze, de forme élégante, garni d'une anse également en bronze fixée au moyen de deux oreillons.

Une petite grille, en fer forgée, ornée de pointes. (Voir planche XI.)

Des ferrures et ornements en bronze provenant de meubles et coffrets ; des entrées de serrures et clefs en bronze. (Tous ces objets souvent ornés de dessins.)

Des morceaux d'os et d'ivoire ornés de dessins.

Des statuettes en terre cuite blanche représentant des Déesses-Mères, des Vénus, des petits bustes rieurs et autres sujets.

Des vases en terre cuite de formes et couleurs variées.

[1] Ces objets sont aujourd'hui déposés au Musée des Antiquités nationales du Château de Saint-Germain-en-Laye.

De nombreux morceaux de vases en terre cuite, notamment en terre rouge avec dessins en relief et quelquefois gravés. Les sujets représentés sur ces vases étaient, le plus souvent, des chasses aux cerfs, sangliers, daims, lapins ou lièvres, des sujets mythologiques, guerriers et personnages romains, des feuillages et des autres attributs. Quelques noms de potiers gravés dans le fond des vases, tels que : CILTVS.F. — IOENALIS.F. LAXTVCIS.F. — MAINVS — PATERNI — PRIMVS.F. — SATIVS — SATVRNINUS — OF. SEVERI — TOCCIVS — TVLLVS. F.

Plusieurs bouteilles en verre, de forme carrée, ornées chacune de deux anses ; différents débris de vases en verre ornés de dessins gravés.

Un vase en bronze de forme allongée, contenant environ mille monnaies romaines en argent aux effigies, en grande partie, de la famille des Antonins.

Un manche de couteau en ivoire, finement sculpté, représentant un léopard ayant un singe comme cavalier. La lame en fer du couteau était repliée et rouillée dans la feuillure du manche ; la virole était en argent.

Des bagues en or, en argent et surtout en bronze ; des brasselets, une grande quantité de fibules souvent ornées de verroteries ; divers ornements de toilette, épingles, aiguilles, boutons, etc...

Des fragments de colliers en pâte de verre.

Des amphores en terre cuite.

Des meules en granit de tous les diamètres, des mortiers, des polisoirs, des pierres à aiguiser, etc. (Voir planche XIII.)

Des morceaux de colonnes en pierre avec chapiteaux moulurés, (Voir planche XII.)

De nombreux outils en fer, notamment des cognées, ciseaux, hachettes, couperets, marteaux, bêches, et divers autres instruments ; débris de seaux et chaînes trouvés dans le fond des puits. (Voir planche XIV.)

Des morceaux de cornes de cerfs et d'ossements coupés et travaillés pour manches d'outils et de couteaux.

Une grande quantité d'ossements d'animaux provenant de : bœufs, porcs ou sangliers, chèvres, etc.

Enfin, une quantité innombrable de différents objets et ustensiles servant aux habitations.

Une centaine de monnaies gauloises.

Environ cinq mille monnaies romaines en argent et en bronze, de différents modules aux effigies des Empereurs et Impératrices depuis Auguste jusqu'à la fin de l'Empire romain.

Pour bien déterminer l'époque de l'occupation de la station gallo-romaine de la Carrière-du-Roi, nous donnons ci-dessous le détail de deux trouvailles de monnaies faites dans les fouilles dirigées par M. Albert de Roucy.

1° *Trouvaille faite en Juillet 1865 :*

72 monnaies romaines, grand bronze, renfermées dans un vase en terre grise, savoir :

DÉSIGNATION DES EMPEREURS OU IMPÉRATRICES	NOMBRE	OBSERVATIONS
Auguste	1	Monnaie fruste.
Titus	1	id.
Domitien	5	
Trajan	8	Dont une représentant, au revers, une allocution aux soldats romains.
Hadrien	15	
Ælius-César	2	
Antonin	11	Dont une représentant, au revers, un temple avec la légende : ROMÆ-ÆTERNÆ.
Faustine, mère	5	Dont une représentant, au revers, un char traîné par des éléphants avec la légende : ÆTERNITAS.
Marc-Aurèle	11	
Faustine jeune	5	
Lucius-Vérus	1	
Lucille	2	
Commode	4	
Didius-Julianus	1	

2° *Trouvaille faite en Mars 1867 :*

Objets et monnaies renfermés dans un vase en terre grise, dont le goulot était brisé, savoir :

1° Une bague en or, à facettes plates ovales ;

2° Une bague en argent, découpée à jour aux abords du chaton et ornée d'une cornaline octogonale gravée représentant une victoire debout élevant une couronne devant Jupiter assis à droite ;

3° 64 monnaies romaines, grand bronze, savoir :

DÉSIGNATION DES EMPEREURS & IMPÉRATRICES	NOMBRE	DÉSIGNATION DES EMPEREURS & IMPÉRATRICES	NOMBRE
Vespasien	1	Faustine mère.	1
Domitien	1	Marc-Aurèle.	11
Nerva	2	Faustine jeune.	5
Trajan	7	Lucius-Vérus	1
Hadrien	13	Lucille.	4
Ælius	1	Commode	6
Antonin	10	Macrin, au revers { SECVRITAS TEMPORVM	1

4° 77 monnaies romaines en argent-billon, savoir :

DÉSIGNATION DES EMPEREURS & IMPÉRATRICES	NOMBRE	DÉSIGNATION DES EMPEREURS & IMPÉRATRICES	NOMBRE
Septime-Sévère	3	Otacilia-Sévéra	1
Julia-Domna	1	Philippe fils	2
Caracalla	1	Trajan-Dèce	8
Géta	1	Etrucille	5
Mœsa	1	Hérennius-Etruscus	1
Alexandre Sévère	1	Trébonnien-Galle	5
Mamœ	1	Volusien.	1
Gordien pie	26	Valérien (Senior)	2
Philippe père	13	Gallien	4

Si l'exploration, restée inachevée, de l'emplacement antique du lieu dit la Carrière-du-Roi, n'a pas mis à découvert le temple ou *sacellum* ainsi que le Cimetière, comme au Mont-Berny et à Champlieu, les quelques notes, que nous venons de détailler, permettront à nos successeurs, en suivant les indications données, d'avoir la bonne fortune d'enrichir encore, par de nouvelles découvertes, nos musées nationaux et de faire connaître plus savamment cette partie de notre histoire locale remontant aux premiers siècles de notre ère.

DESCRIPTION D'UNE STATUE DE MERCURE

Trouvée en 1871 dans les fouilles dirigées par M. de Roucy, au lieu dit la Carrière-du-Roi, forêt de Compiègne [1].

Nous croyons devoir reproduire ici la notice de M. Albert de Roucy, sur un Mercure Gaulois, afin de bien faire ressortir l'importance et l'intérêt des différentes découvertes faites dans les travaux d'exploration de la Station Gallo-Romaine de la Carrière-du-Roi :

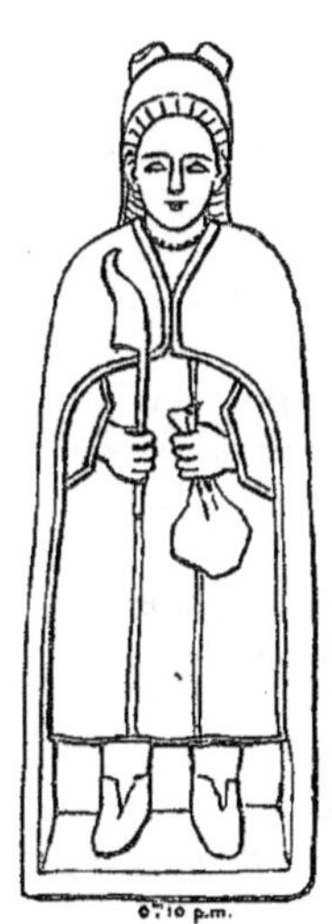

C'est à proximité de l'établissement des bains de l'époque gallo-romaine de la station antique de la Carrière-du-Roi que fut trouvée, en 1871, par deux de mes plus anciens ouvriers, une statue fort curieuse, à mon sens, et sur laquelle je me permettrai discrètement quelques essais d'attribution, en attendant que les maîtres en cette matière produisent une interprétation plus autorisée et mieux justifiée.

La statue mesure $0^{m}70$ centimètres dans sa hauteur totale et $0^{m}25$ centimètres dans sa plus grande largeur, à la base. Elle est en pierre calcaire de la contrée et, pour dissimuler la porosité comme l'incorrection du grain de la pierre, on l'a couverte d'un enduit lisse à la chaux, propre à recevoir, lui-même, des colorations extérieures. En effet, des traces non équivoques de peinture se remarquent sur certaines parties, notamment au visage, au cou, surtout aux jambes teintes en ton de chair un peu vif. Ayant rencontré ce procédé d'enduit et de coloration sur la plupart des autres monuments figurés et sculptés trouvés dans la région confinant aux territoires des Suessions, des Bellovaques et des Sylvanectes, j'en conclus qu'il devait y être d'un usage aussi général que bien approprié à la matière employée.

La statue, dont je m'occupe spécialement ici, représente, à sa partie antérieure, un personnage debout et de pleine face, reposant les pieds sur une base simple ménagée dans

[1] Ce travail de description a été lu à la réunion annuelle des Sociétés Savantes, à Paris, le 31 mars 1875, par M. Albert de Roucy. A la suite de cette lecture, MM. Quicherat et Bulliot ont signalé dans d'autres contrées de la France, plusieurs monuments analogues à celui qui fait l'objet du travail de M. de Roucy et qui représentent, avec des modifications diverses, le type de Mercure.

le bloc, vêtu, sur le corps, d'une tunique droite descendant assez pour couvrir les genoux, échancrée au-dessous du cou et sans autres ornements que deux bandes ou plis longitudinaux sur le devant. Par dessus cette tunique s'étale un manteau (*trabœa ou lacerna*) bordé aussi, longitudinalement, d'une bande ou d'un galon, également échancré à la chute du cou. Ce manteau couvre les épaules, la partie supérieure des bras et la poitrine au-dessous de laquelle il s'évase, laissant la tunique à découvert.

Les pieds, qui se présentent droits en avant, ont des chaussures que l'effritement de la pierre ne permet pas de déterminer avec précision, mais qui, montant sensiblement au-dessus des chevilles, devaient être sinon de courts cothurnes, peut-être des caliges ou quelque chose d'analogue aux brodequins de nos jours.

La tête de pleine face et imberbe est couronnée, sur le haut du front et sur les côtés, de cheveux relevés, s'ondulant, en petites masses courtes et régulières que recouvre en partie, avec le reste de la chevelure, une espèce de capuchon (*Cucullus*) orné de deux fortes saillies rappelant, malgré une certaine indécision, les ailes du pétase de Mercure. Ce capuchon semble faire corps avec le manteau, à l'instar du vêtement moderne appelé caban.

Sortant des larges manches de la tunique, la main gauche tient un sac ou une bourse en déclivité sur le haut de la jambe qui lui correspond, et la main droite porte élevé contre la poitrine un instrument tranchant à long manche, dont la lame affecte la forme d'une large serpe ou d'une courte faulx se recourbant gracieusement à son extrémité supérieure en sens inverse de son taillant principal.

Quant à la partie postérieure de la statue, ses formes lisses, sans signes particuliers, ne sauraient donner lieu à aucune remarque intéressante.

Que doit-on penser de ce curieux monument figuré, quelle détermination faut-il lui donner ? A quelle divinité, à quel personnage doit-on l'attribuer ? Telle est la question discutable à mon sens, sur laquelle mes commentaires essaieront de s'exercer.

Il ne s'agit point ici d'une figure commune, représentation privée de quelqu'artisan ou de quelque vulgaire Gaulois, comme on en rencontre parfois dans certains emplacements antiques, comme j'en ai rencontré moi-même dans ceux de la forêt de Compiègne et comme on en voit notamment plusieurs au Musée de Saint-Germain-en-Laye, qui proviennent, je crois, des environs d'Autun.

Notre statue, par son exécution, sa pose, son costume, ses attributs, a un caractère hiératique qu'on ne saurait se refuser à reconnaître et qui indique soit une divinité, soit peut-être un personnage religieux d'un ordre élevé.

Ce caractère hiératique est particulièrement accentué par les proéminences surmontant la coiffure, proéminences typiques et traditionnelles, inhérentes à certaines représentations, comme celles de Mercure et de Persée, sous forme d'ailes, de Jupiter Ammon sous forme de cornes pleines, et même de Moïse sous forme de rayons ou de cornes naissantes.

Je viens de nommer Mercure et Persée qui, l'un et l'autre, sembleraient pouvoir revendiquer pour eux l'attribution que je cherche à établir. Celui-ci, en effet, apparaîtrait dans l'attitude de héros sacrificateur, tenant de la main droite la *harpé* qui lui a servi à couper la tête de Méduse et de la gauche, le sac renfermant cette tête, ainsi qu'il est, quelquefois, représenté sur certains monuments antiques : mais, outre que, sur celui que je discute, l'instrument tranchant offre une forme qui diffère de celle de la harpé proprement dite, que le sac soit de trop petite dimension pour contenir la tête de la Gorgone, on devrait encore et surtout objecter que Persée, divinité seulement héroïque et secondaire, n'avait rien de commun avec le culte, avec les traditions religieuses de la Gaule Belgique à laquelle appartient et se rattache étroitement notre statue.

Il en est tout autrement de Mercure, un des dieux supérieurs, le plus universellement en vogue dans le monde païen, dont le ministère multiple et varié s'étendait à toutes les conditions de l'humanité, qu'il fut Hermès chez les Grecs, Mercurius chez les Romains, Teutatès ou Esus chez les Gaulois. Il était la divinité par excellence de ces derniers, j'oserais dire leur divinité panthée, si mon commentaire comportait cette thèse ; mais, dans tous les cas, le principal objet de leur culte, ainsi que le prouvent les nombreux monuments qui lui étaient dédiés dans les Gaules, ainsi que l'attestent les auteurs anciens et notamment l'*Octavius* de *Minutius Felix* traitant spécialement des Idoles (*De idolorum vanitate*).

Il serait donc conséquent de voir une représentation gauloise de Mercure dans la statue exhumée du sol de la forêt de Compiègne, à l'emplacement dit la Carrière-du-Roi, si surtout l'ensemble et les détails de cette statue viennent à l'appui du premier argument.

Or, la tête, par elle-même, qui est celle d'un homme jeune et imberbe, les jambes demi-nues, le manteau rappelant la chlamyde et plus particulièrement, les fortes saillies en formes d'ailes qui surmontent la coiffure ainsi que la bourse ou petit sac à la main gauche, tout cela, suivant les données générales, convient à merveille à une représentation de Mercure. Sans doute, on peut objecter que le costume un peu chargé n'est pas dans les traditions, qu'il en est de même de l'instrument tenu par la main droite très différent du caducée usité, quoiqu'encore, on puisse mythologiquement le rapporter au sacrifice d'Argus.

Mais cette double objection ou toute autre analogue qui se comprendrait, s'il s'agissait de l'Hermès grec, ou du Mercure romain, n'est pas opposable à la divinité gauloise, d'un travail manifestement et exclusivement gaulois.

Qui ne sait, en effet, que les types des mêmes divinités païennes, comme aussi leurs attributions, se modifiaient très diversement sous l'influence des climats, selon l'origine et le génie des nations, selon leurs dogmes religieux, leurs conditions d'existence sociale ? On conçoit très bien, que si les chaudes régions de la Grèce et de l'Italie inspiraient une statuaire nue ou légèrement drapée, celles plus froides et brumeuses du Nord de la Gaule autorisaient et justifiaient une statuaire plus vêtue.

Le même raisonnement s'applique à l'instrument tranchant, en forme de serpe ou de courte faulx. Cet attribut me semble devoir être interprété comme le symbole d'une industrie générale ou spéciale à la région. Ce symbole convient tout à fait à Mercure, le dieu de toutes les industries, si on a eu l'intention de le représenter comme la divinité tutélaire des moissonneurs, des bûcherons ou autres artisans de la contrée faisant emploi du même genre d'instruments.

Même en Grèce et à Rome, pour être le plus fréquent et le plus usité des attributs de

Mercure, le caducée était loin d'être considéré comme élément essentiel et caractéristique de sa représentation ; cette divinité, aux dénominations multiples rappelant ses multiples attributions, y était souvent figurée avec une grande variété de symboles s'y rapportant, à l'exclusion du caducée. Ce dernier attribut, d'ailleurs, se rattachant à des traditions mythiques et subtiles, tout à fait étrangères aux dogmes et aux rites des Gaulois, n'avait, pour eux, aucune raison d'être. La faulx ou la serpe se comprennent bien mieux sur le monument figuratif d'un Mercure Gaulois, honoré dans un centre agricole et forestier, comme celui de son exhumation.

Si nous insistons autant sur l'instrument tranchant tenu élevé par la main droite, c'est qu'il fait, en grande partie, l'intérêt de la statue, indépendamment de celui qui s'attache au costume.

A l'interprétation toute simple que nous venons d'en donner et d'essayer de justifier, on pourrait en opposer une autre plus au goût des curieux et qui ne laisse pas d'avoir, pour elle, certaines apparences de fondement, elle consisterait à considérer cet instrument comme le type consacré de celui dont se servaient les druides pour abcision du gui, leur cérémonie solennelle ; sa forme élégante et particulière ne contredirait pas cette opinion.

Mais, d'une pareille hypothèse en dérive nécessairement une autre, et, s'il s'agit ici d'un instrument du rite gaulois, on doit en induire que la figure à laquelle il appartient et sert d'attribut ne peut être qu'un pontife gaulois. Cette supposition, j'en conviens, n'est pas absolument sans vraisemblance, et, quand on considère la statue, elle rappelle le caractère sacerdotal, tel qu'il est encore de nos jours ; l'attitude est grave, comme il convient à un personnage religieux ; jusqu'à s'y méprendre, le manteau ressemble à une chape et la tunique à une aube, à un rochet ; ce qui serait une nouvelle démonstration de la persistance traditionnelle du costume pontifical.

Les proéminences de la coiffure considérée comme partie intégrante de ce costume, non plus que le sac retenu de la main gauche, considéré comme destiné à contenir le gui sacré, ne feraient obstacle à l'attribution secondaire que je suppose.

Le visage jeune et imberbe n'est pas davantage exclusif de cette attribution ; car les druides comptaient dans leurs rangs, non seulement des vieillards, mais des jeunes hommes, pourvu qu'ils appartinssent aux classes privilégiées et justifiassent des connaissances requises.

Ils formaient un collège d'élite dont les membres, contrairement à certains préjugés historiques erronés, obtenaient l'éminence plus encore par leur noble filiation et leur savoir d'initiés que par leur âge avancé.

Quoi qu'il en soit, l'hypothèse que nous exposons sans rien diminuer des considérations qui pourraient lui être favorables, ne nous apparaît, nous l'avons déjà dit, que comme un subsidiaire acceptable.

Car nos préférences restent ce qu'une première impression les avait déjà faites, c'est-à-dire très accentuées en faveur de l'attribution à Mercure, cette divinité par excellence des Gaulois, l'objet principal et universel de leur culte.

J'en ai dit les raisons et je me permets d'y persister, en attendant que de plus autorisés viennent détruire cette interprétation.

J'aurais fini, si je n'avais omis d'indiquer l'époque à laquelle on peut, vraisemblablement, rapporter la statue, objet de cette notice. Relativement à son caractère gaulois, elle n'est pas archaïque et ne doit pas être antérieure à la domination romaine, dont elle semble même avoir subi l'influence. Son état presque parfait de conservation et son invention au milieu de vestiges où se révèle très nettement l'élément romain, ne sauraient laisser de doutes à cet égard.

Le troisième siècle de notre ère est celui qui me paraît le mieux convenir pour l'assignation d'une date à ce monument figuré, tant à raison de son style qu'à raison du caractère dominant des vestiges parmi lesquels il fût trouvé. Il dût être en vénération jusqu'à la fin du quatrième siècle, époque à laquelle il fut, sans doute, précipitamment enfoui, pour le soustraire à la destruction, maintenant encore apparente, de tous les établissements antiques de la forêt de Compiègne.

CAVES GALLO-ROMAINES

DESCRIPTION DE DOUZE CAVES GALLO-ROMAINES

Découvertes dans les fouilles de la Forêt de Compiègne.

Dans les différentes stations antiques mises à jour le long de la voie romaine dite : « Chaussée-Brunehaut », et parcourant la forêt de Compiègne, du Mont-Berny à Champlieu, une partie des plus intéressantes des recherches a été l'exploration de soixante caves creusées et maçonnées en sous-sol dans les constructions Gallo-Romaines. Ces établissements, généralement bien conservés en raison de leur enfouissement sous les décombres, présentent, en général, un caractère spécial qu'il importe de mentionner dans la description des fouilles de la forêt.

Ces caves, placées sous les habitations, devaient être recouvertes d'un plancher établi en maçonnerie de mortier de béton ou de torchis supporté par de fortes solives en bois. Il a été rencontré quelquefois et sur divers points, au-dessus de ce cintrage, des traces de dallage en pierre fine ou d'enduit en stuc, ce qui donnait une certaine épaisseur et résistance au sol du rez-de-chaussée.

Dans nos travaux d'exploration, aucune cave cintrée en pierre ou moellon n'a été remarquée, et tout indique que ce genre de construction n'était pas en usage dans les habitations Gallo-Romaines de nos contrées.

Les matériaux employés étaient presque toujours de provenance locale et situés à proximité des stations antiques, ainsi que cela se rencontre pour les établissements du Mont-Berny, de la Carrière-du-Roi et de Champlieu. Sur ces différents points, des restes d'exploitation de carrières de pierre existent encore aujourd'hui.

Les fouilles des caves sont non-seulement d'un vif intérêt au point de vue de la construction, mais leur recherche est encore souvent attachante par les objets et ustensiles divers recueillis au milieu des décombres.

Après examen, nous avons réuni un ensemble de douze caves explorées un peu partout, et principalement dans les centres les plus importants ; leur état de conservation nous a permis d'en faire un relevé aussi complet que possible dont nous donnons ici les explications avec croquis et plans à l'appui :

Cave N° 1.

La cave inscrite sous le N° 1, dans les dessins joints à la présente notice, a été découverte en 1865, au lieu dit le Mont-Berny ; elle mesure 5^{m}15 de longueur sur 4^{m}35 de largeur et 2^{m}25 de hauteur. Ses murs, bien réguliers et parfaitement appareillés, sont construits partie en pierre de taille de fortes dimensions, formant avant-corps ou pilastres sur le nu du parement intérieur, et partie en petits moellons bien taillés. Une niche en plein-cintre se trouve établie à droite de la descente. Les marches de l'escalier sont en pierre dure et appareillées comme nos descentes de caves actuelles.

Des débris de colonnes en pierre ont été rencontrés parmi les décombres.

Cette construction en sous-sol, assez importante et bien soignée, devait faire partie d'une habitation riche.

Cave N° 2.

La cave inscrite sous le N° 2 a été découverte en 1867, au lieu dit la Carrière-du-Roi, près de la voie romaine ; elle mesure 3^{m}90 de longueur sur 3^{m}05 de largeur. Les murs sont construits en moellons avec parement bien taillé ; une petite niche cintrée avec soin se trouve ménagée sur un des côtés, une tuile en terre cuite, de forte dimension, sépare la partie cintrée de la partie inférieure et forme, pour ainsi dire, linteau ou assiette du cintre. Une autre niche carrée se trouve placée sur un autre côté de la cave près de la descente. La descente en pierre est en partie détruite.

Cette cave était éclairée au moyen d'un soupirail établi dans le mur faisant suite à la descente.

Une amphore, bien conservée, a été trouvée dans un des angles, côté opposé au soupirail et sous la petite niche cintrée.

Le sol de la cave était bétonné en argile. Parmi les décombres, il a été rencontré une grande quantité de tuiles romaines en terre cuite, surtout à la profondeur du sol bétonné ; il est à supposer qu'un dépôt de ces matériaux existait dans cette cave au moment de la destruction de l'habitation.

Cave N° 3.

La cave inscrite sous le N° 3 a été découverte en 1865, au lieu dit la Carrière-du-Roi, et se trouve située près de la voie romaine ; elle mesure 4^{m}00 de longueur sur 3^{m}05 de largeur. Ces murs sont construits en moellons taillés et forts morceaux de pierre posés séparément dans la maçonnerie ou contigus. Deux niches cintrées sont évidées chacune dans un morceau de pierre, des feuillures encadrent ces niches et semblent destinées à recevoir une fermeture. Un fragment de colonne en pierre a été trouvé parmi les décombres.

La descente de cette cave est en grande partie détruite.

Cave N° 4.

La cave inscrite sous le N° 4 a été découverte en 1867, au lieu dit la Carrière-du-Roi ; elle mesure 3^{m}00 sur 3^{m}00. Les murs sont construits en moellons ou petites pierres bien taillés ayant les assises régulières et bien appareillées, trois niches sont ménagées sur trois faces des murs, un soupirail éclaire l'intérieur.

Les marches en pierre de la descente sont en partie détruites.

Au moment de la mise à découvert de cette cave, il a été rencontré, le long des murs, des restes de plancher en torchis, et quelques trous dans la maçonnerie, destinés à recevoir des solives en bois, existent encore sur les parois.

Dans les décombres il a été trouvé une certaine quantités d'ustensiles de ménage, tels que : vases en terre et en bronze, objets en fer, outils, ciseaux, couperets, cercles de seaux, etc. Peut-être sommes-nous ici dans la boutique d'un industriel de l'époque.

Sur le côté de cette cave, à droite, se trouve une entrée de porte-charretière.

Cave N° 5.

La cave inscrite sous le N° 5 a été découverte en 1866, au lieu dit la Carrière-du-Roi ; ses dimensions sont de : 4^{m}00 de longueur sur 3^{m}80 de largeur. Comme dans la cave N° 4, des niches carrées sont ménagées dans l'épaisseur des murs, les moellons sont bien taillés et bien appareillés. Un soupirail existe sur un côté de mur. Les marches de la descente sont assez bien conservées.

Plusieurs vases en terre cuite ont été rencontrés au milieu des décombres.

Cave N° 6.

La cave inscrite sous le N° 6 a été découverte en 1865, au lieu dit la Carrière-du-Roi ; elle mesure 4^{m}00 de longueur sur 3^{m}25 de largeur. Un soupirail éclaire l'intérieur et une descente est établie au moyen de marches en pierre bien conservées ; sur quelques-unes on voit encore l'usure de l'arête de la pierre. Sur les parois des murs, des trous existent pour recevoir les portées des solives en bois du plancher du rez-de-chaussée. Les parements intérieurs sont bien taillés.

Une meule en granit et en parfait état a été trouvée dans le fond de la cave.

Cave N° 7.

La cave inscrite sous le N° 7 a été découverte en 1867, au lieu dit la Carrière-du-Roi ; elle mesure 3^{m}20 de longueur sur 3^{m}05 de largeur. Les murs sont établis en petits moellons bien taillés et des pierres de grand appareil sont placées de distance en distance, notamment au droit des tableaux de l'arrivée de la descente.

L'escalier est en pierre. Cette descente est construite en dehors des murs de la cave.

Cave N° 8.

La cave inscrite sous le N° 8 a été découverte en 1867, dans la plaine de Champlieu, près des Bains antiques ; elle mesure 3^{m}15 de longueur sur 2^{m}50 de largeur. Les parements des murs sont construits en pierre de fort appareil et bien dressés ; une niche est ménagée dans un des côtés de la cave. Un soupirail éclaire l'intérieur et se trouve placé au pied de la descente en pierre ; sur le côté, un passage a été bouché en moellons de petit appareil.

On remarque dans cette construction un travail soigné et annonçant un centre important d'habitations riches, on constate déjà le voisinage du Théâtre et du Temple.

Dans le fond de cette cave il a été trouvé une pierre carrée taillée en entonnoir et destinée probablement à recevoir une amphore.

Cave N° 9.

La cave inscrite sous le N° 9 a été découverte en 1866, dans la plaine de Champlieu et près de celle décrite ci-dessus sous le N° 8 ; elle mesure 4^{m}00 de longueur sur 3^{m}50 de largeur. L'appareil des murs de cette cave présente, comme la précédente, un travail soigné et régulier. Deux niches cintrées sont ménagées dans les murs, un soupirail éclaire l'intérieur, les marches de la descente sont en pierre. Une amphore en terre cuite garnie de ses deux anses a été trouvée dans le fond de la cave avec une pierre percée d'un trou destinée à recevoir le dit vase. Une meule, bien conservée, a été rencontrée parmi les décombres.

Cave N° 10.

La cave inscrite sous le N° 10 a été découverte, comme les deux précédentes, dans la plaine de Champlieu, à 50 mètres de distance des Bains antiques ; elle mesure 4^{m}50 de longueur sur 2^{m}75 de largeur. Les murs sont également bien construits avec appareil bien dressé et ravalé ; les assises des pierres sont alternées de petits rangs de moellons bien taillés rappelant les constructions romaines élevées avec soin. Deux niches cintrées sont évidées dans les murs ; deux soupireaux éclairent l'intérieur de la cave.

Le sol de cette cave est bétonné et douze trous circulaires sont ménagés dans le béton de manière à recevoir des amphores. Parmi les décombres il a été rencontré un nombre considérable de morceaux d'amphores en terre cuite, quelques-uns avaient encore le goulot bien conservé et muni des deux anses. Cette particularité de trous percés dans le sol et des amphores trouvées, nous donne à penser que cette cave était peut-être la réserve ou le magasin d'un négociant en liquides.

Quelques ferrements tels que : crochets, pentures, gâches et arrêts ont été trouvés pendant le travail de déblaiement et près de la porte qui devait être placée au bas de l'escalier, le crochet et la gâche étaient encore fixés dans la feuillure ménagée dans la pierre.

Cave N° 11.

La cave inscrite sous le N° 11 a été découverte en 1865, au lieu dit les Tournelles, forêt de Compiègne, près de la plaine de Champlieu ; elle mesure 2m33 sur 2m35. Trois niches sont ménagées dans les parements des murs. La descente en pierre se trouve établie à l'extrémité d'un couloir placé en avant de la cave, lequel mesure 4m30 de longueur sur 0m81 de largeur.

Une certaine quantité de vases brisés a été rencontrée parmi les matériaux et débris.

Cave N° 12.

La cave inscrite sous le N° 12 a été mise à jour à l'entrée de la forêt de Compiègne et près de la route du Moulin, côté vers le Champ de Manœuvres ; elle mesure 2m70 sur 2m60, son escalier est établi en morceaux de grès assez bien taillés. Les murs sont construits en matériaux grossiers mélangés de moellons et grès, tout indique la demeure d'un artisan peu aisé.

Des débris de vases en terre grise et une monnaie romaine ont été rencontrés dans les recherches, ainsi qu'une auge en pierre tendre divisée en deux parties.

TABLE DES PLANCHES DE DESSINS

CONTENUES DANS LA DEUXIÈME PARTIE ET SE RAPPORTANT AUX FOUILLES DE LA STATION ANTIQUE DE LA CARRIÈRE-DU-ROI

TABLE DES PLANCHES DE DESSINS

CONTENUES DANS LA DEUXIÈME PARTIE ET SE RAPPORTANT AUX CAVES GALLO-ROMAINES

SOCIÉTÉ HISTORIQUE DE COMPIÈGNE

LLES ARCHÉOLOGIQUES EXÉCUTÉES AU LIEU-DIT LA CARRIÈRE-DU-ROI (Forêt de

PLAN PARTIEL DE LA FORÊT DE COMPIÈGNE
AVEC L'INDICATION DE L'EMPLACEMENT ANTIQUE DE LA CARRIÈRE-DU-ROI

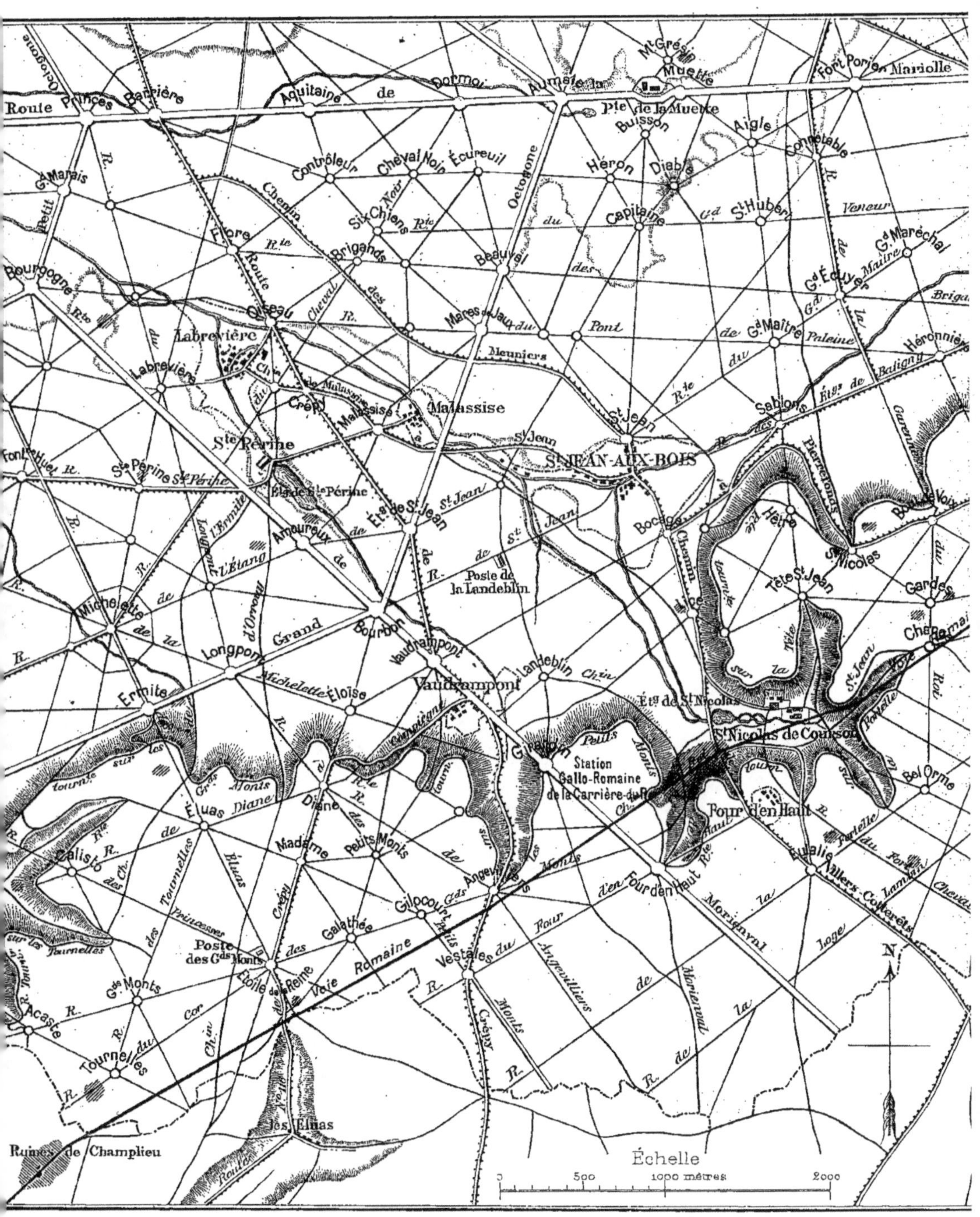

Les parties en rouge indiquent les emplacements antiques

V. Cauchemé, del.

Fouilles Archéologiques exécutées au lieu-dit la Carrière-du-Roi (Forêt de Compiègne)

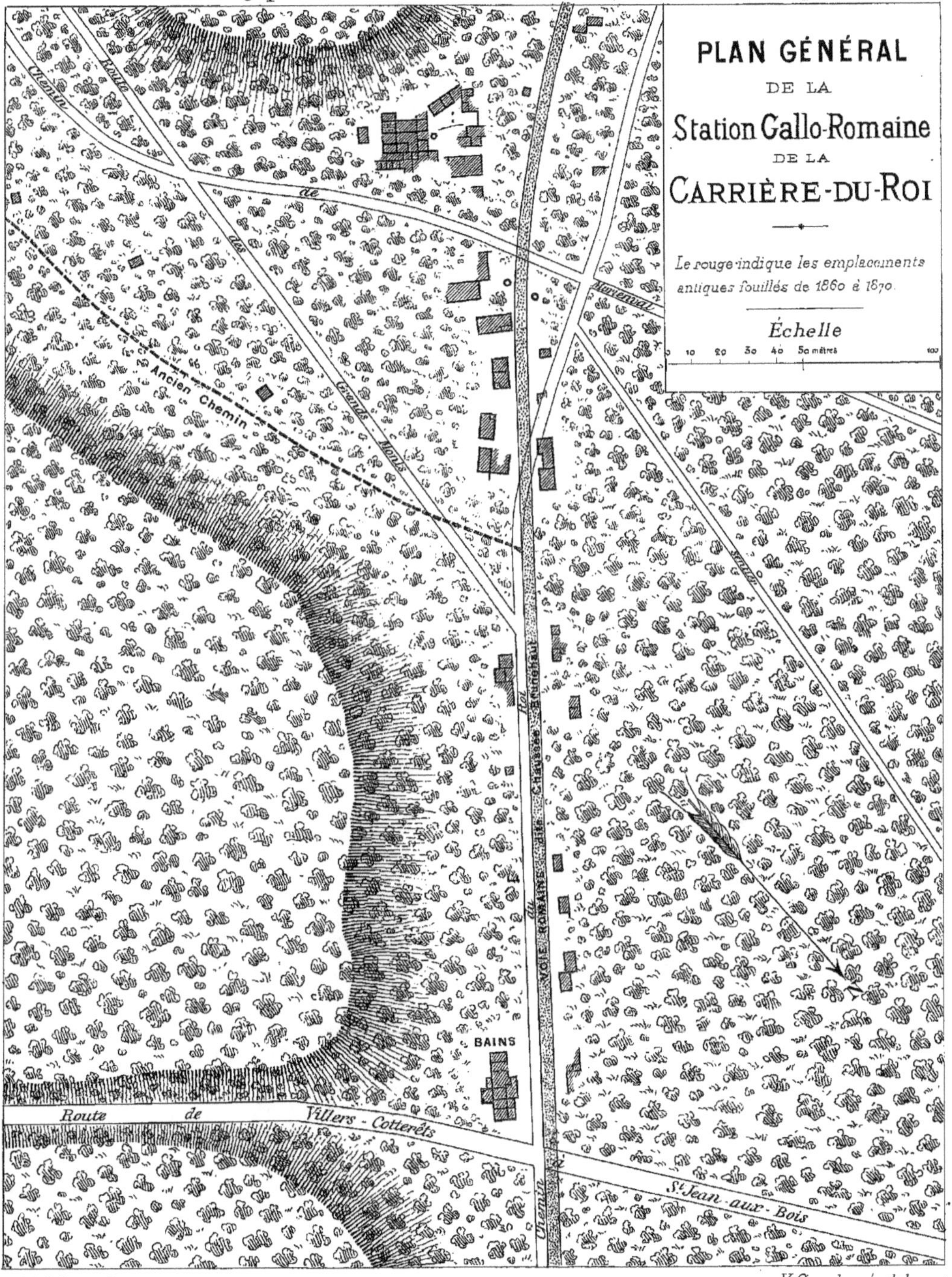

Lith. G. Bourson. Compiègne. V. Cauchemé, del.

SOCIÉTÉ HISTORIQUE DE COMPIÈGNE

FOUILLES ARCHÉOLOGIQUES EXÉCUTÉES AU LIEU-DIT LA CARRIÈRE-DU-ROI (Forêt de Compiègne)

VUE DES THERMES GALLO-ROMAINS DÉCOUVERTS EN 1868

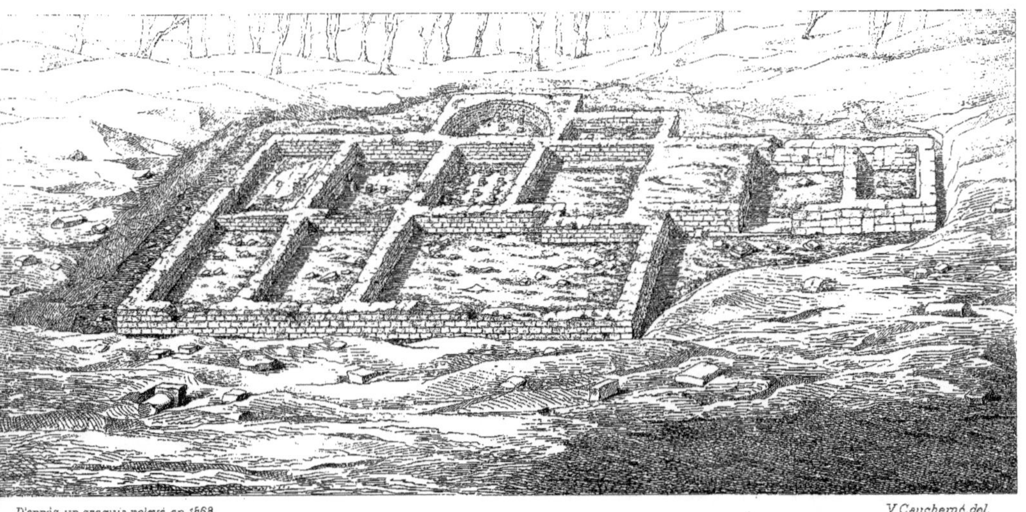

D'après un croquis relevé en 1868. *V. Cauchemé, del.*

SOCIÉTÉ HISTORIQUE DE COMPIÈGNE

FOUILLES ARCHÉOLOGIQUES EXÉCUTÉES AU LIEU-DIT LA CARRIÈRE-DU-ROI (Forêt de Compiègne)

THERMES ANTIQUES DÉCOUVERTS EN 1868

Coupe longitudinale

...nte entre l'entrée du foyer et le conduit de fumée est de 0m.35

Plan d'ensemble

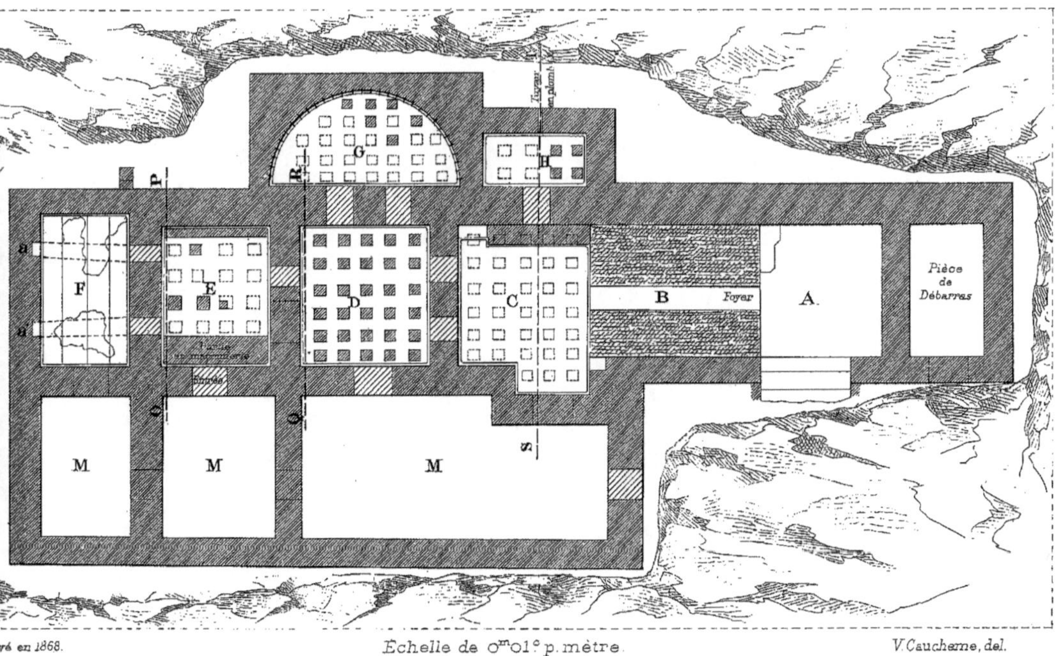

...vé en 1868.

Échelle de 0m01c p. mètre

V. Caucheme, del.

Légende

A — Pièce du Chauffeur.
B — *Foyer.*
C — *Sudatorium.* (Bains chauds).
D — *Tepidarium* (Bains tièdes).
E — Deuxième pièce du Tepidarium
F — Pièce dont le sous-sol renferme les deux conduits de fumée a.a'.
G — Pièce circulaire.
H — *Baignoire en maçonnerie avec conduit d'eau en plomb de 0.08 de diam.*
M — Salles non chauffées.

...son, Compiègne.

SOCIÉTÉ HISTORIQUE DE COMPIÈGNE

FOUILLES ARCHÉOLOGIQUES EXÉCUTÉES AU LIEU-DIT LA CARRIÈRE-DU-ROI (Forêt de Compiègne)

DÉTAIL DE LA CONSTRUCTION DES THERMES DÉCOUVERTS EN 1868

Coupe sur la ligne **AB**

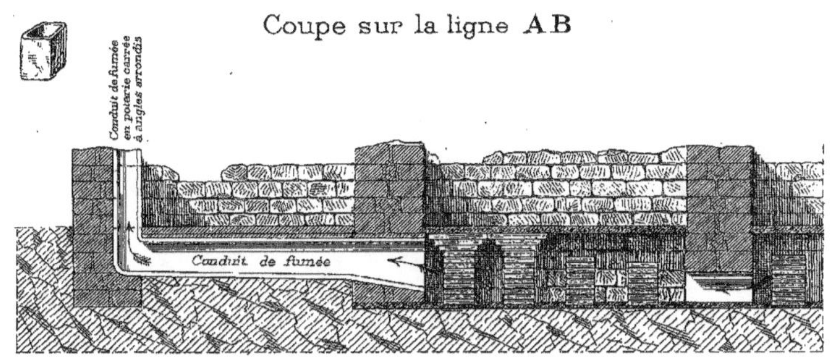

Plan des Salles **E, F,** du Plan d'ensemble

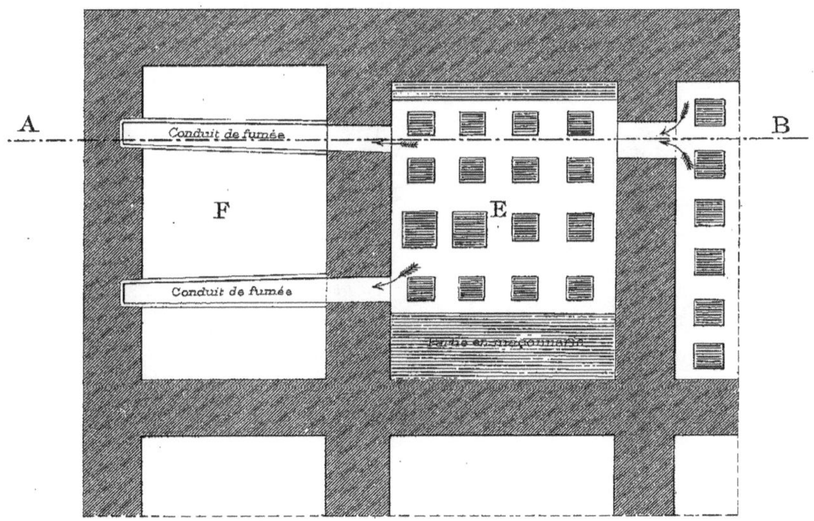

Échelle de $0^{m}02$ p. mètre.

V. Cauchemé, del.

SOCIÉTÉ HISTORIQUE DE COMPIÈGNE

OUILLES ARCHÉOLOGIQUES EXÉCUTÉES AU LIEU-DIT LA CARRIÈRE-DU-ROI (Forêt de Compiègne)

DÉTAIL DE LA CONSTRUCTION DES THERMES DÉCOUVERTS EN 1868

Coupe sur la ligne O P du Plan d'ensemble

a, a', Passages de la chaleur et de la fumée.

Entrée de la Salle E

Coupe sur la ligne Q R du Plan d'ensemble

Le seuil de cette entrée est en tuiles avec trou d'écoulement

a

a Passage de la chaleur et de la fumée.

Échelle de 0m04 p. mètre.

V. Cauchemé, del.

piègne

SOCIÉTÉ HISTORIQUE DE COMPIÈGNE

FOUILLES ARCHÉOLOGIQUES EXÉCUTÉES AU LIEU-DIT LA CARRIÈRE-DU-ROI (Forêt de Compiègne)

DÉTAIL DE LA CONSTRUCTION DES THERMES DÉCOUVERTS EN 1868

Coupe sur la ligne ST du Plan d'ensemble

Baignoire

Les piliers de l'Hypocauste sont établis en carreaux de terre cuite de 0^m18 à 0^m20 au carré avec augmentation de dimensions pour arriver sous le plancher en béton de ciment.

Chaque carreau mesure 0^m035 d'épaisseur en moyenne.

Plusieurs piliers ont la partie inférieure en pierre.

a *Tuyau en plomb de 0^m08 de diam. pour la vidange de la baignoire en maçonnerie. Sur les parois des murs de la baignoire il existe plusieurs traces d'enduit en ciment romain avec la surface en stuc.*

Entrée du Foyer

Échelle de 0^m04 p. mètre.

V. Cauchemé, del.

...Cauchemé, ...

SOCIÉTÉ HISTORIQUE DE COMPIÈGNE

FOUILLES ARCHÉOLOGIQUES EXÉCUTÉES AU LIEU-DIT LA CARRIÈRE-DU-ROI (Forêt de Compiègne)

VUE PERSPECTIVE
D'UNE PARTIE DE LA VOIE ROMAINE

Relevé en 1869.

V. Cauchemé, del.

SOCIÉTÉ HISTORIQUE DE COMPIÈGNE

)UILLES ARCHÉOLOGIQUES EXÉCUTÉES AU LIEU-DIT LA CARRIÈRE-DU-ROI (Forêt de Compiègne)

PLAN D'UN ENSEMBLE DE CONSTRUCTIONS LONGEANT LA VOIE ROMAINE

Légende du Plan

A *Puits donnant vers la voie romaine.*
B *Entrée formant porche.*
CD *Pièces d'habitation.*
E.E' *Corridor et dégagement.*
F *Grande pièce de dégagement dans laquelle se trouve l'entrée du foyer de l'Hypocauste.*
G *Pièce ou salle de bains avec restes de plancher de l'Hypocauste.*
H *Pièce ou salle de bains avec plancher dallé.*
I *Pièce à la suite des deux salles de bains.*
J *Dégagement dans lequel donne accès le soupirail de cave.*
K *Cave (la descente devait être en bois).*
L *Autre cave avec descente en pierre.*
M *Cinq pièces d'habitation.*
N *Cour.*

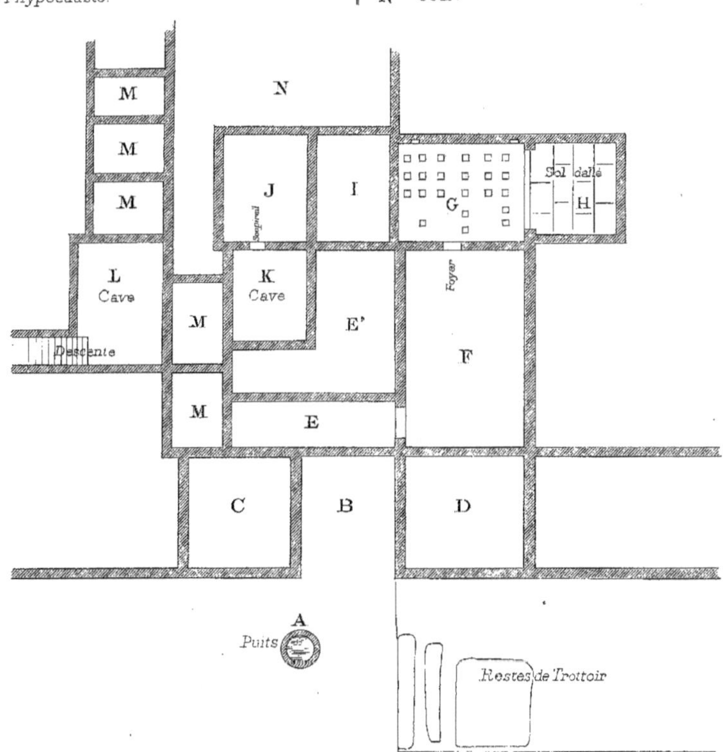

Côté vers la Voie Romaine.

Échelle de 0m005 p. mètre.

V. Cauchemé, del.

).Compiègne

SOCIÉTÉ HISTORIQUE DE COMPIÈGNE

FOUILLES ARCHÉOLOGIQUES EXÉCUTÉES AU LIEU-DIT LA CARRIÈRE-DU-ROI (Forêt de Compiègne)

VUE CAVALIÈRE D'UN ENSEMBLE DE CONSTRUCTIONS LONGEANT LA VOIE ROMAINE

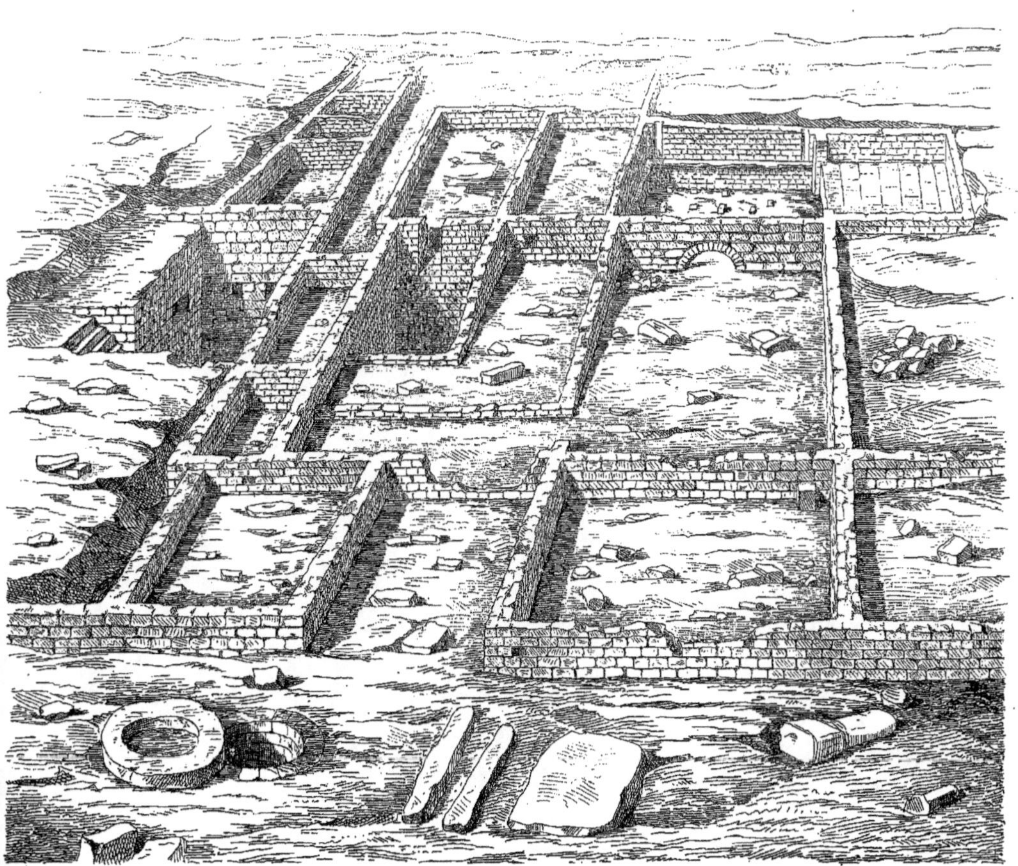

Voir le Plan Pl.IX D'après un croquis relevé en 1868.

V. Cauchemé, del.

...ourson. Compiègne

SOCIÉTÉ HISTORIQUE DE COMPIÈGNE

FOUILLES ARCHÉOLOGIQUES EXÉCUTÉES AU LIEU-DIT LA CARRIÈRE-DU-ROI (Forêt de Compiègne)

GRILLE EN FER FORGÉ TROUVÉE EN 1867
DANS LES SUBSTRUCTIONS GALLO-ROMAINES

Au cinquième de la grandeur naturelle.

V. Cauchemé, del.

ourean Compiègne

l

SOCIÉTÉ HISTORIQUE DE COMPIÈGNE

FOUILLES ARCHÉOLOGIQUES EXÉCUTÉES AU LIEU-DIT LA CARRIÈRE-DU-ROI (Forêt de Compiègne)

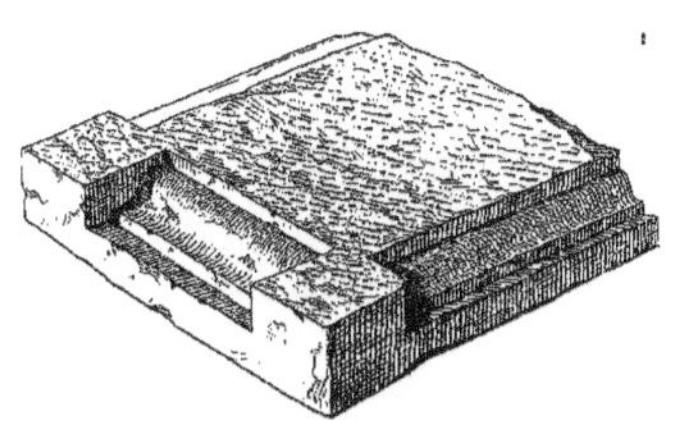

Socle en pierre trouvé près de l'entrée du porche de l'habitation indiquée sur la planche IX.

Petit socle en pierre.

0^m10^c pour mètre.

Fragments de Colonnes en pierre tendre trouvés dans les fouilles.

Levé en 1869. V. Cauchemé, del.

…on. Compiègne.

SOCIÉTÉ HISTORIQUE DE COMPIÈGNE

FOUILLES ARCHÉOLOGIQUES EXÉCUTÉES AU LIEU-DIT LA CARRIÈRE-DU-ROI (Forêt de Compiègne)

Partie concave

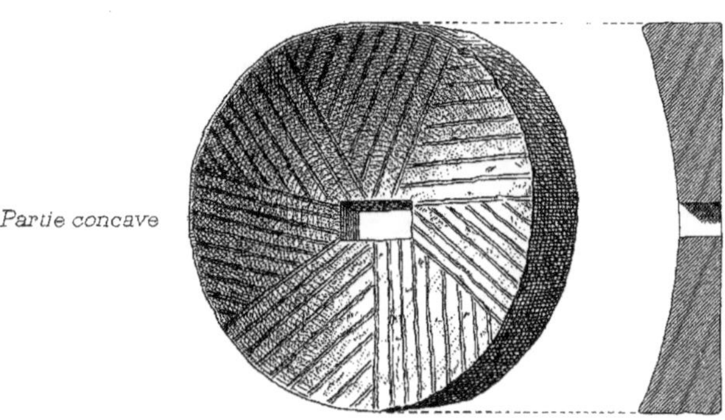

Partie convexe

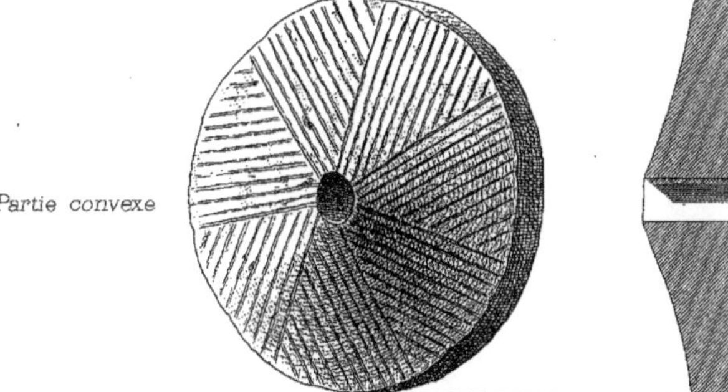

Meules en granit

Coupe sur l'axe

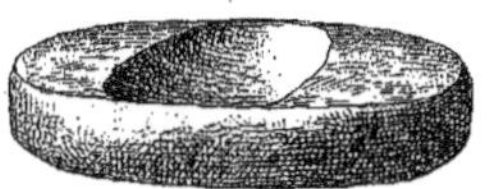

0m 10c p. mètre.

Mortier en grès

Mortier en pierre dure

Relevé en 1868.

V. Cauchemé, del.

...neon. Compiègne

SOCIÉTÉ HISTORIQUE DE COMPIÈGNE

FOUILLES ARCHÉOLOGIQUES EXÉCUTÉES AU LIEU-DIT LA CARRIÈRE-DU-ROI (Forêt de Compiègne)

OUTILS ET USTENSILES EN FER DE L'ÉPOQUE GALLO-ROMAINE

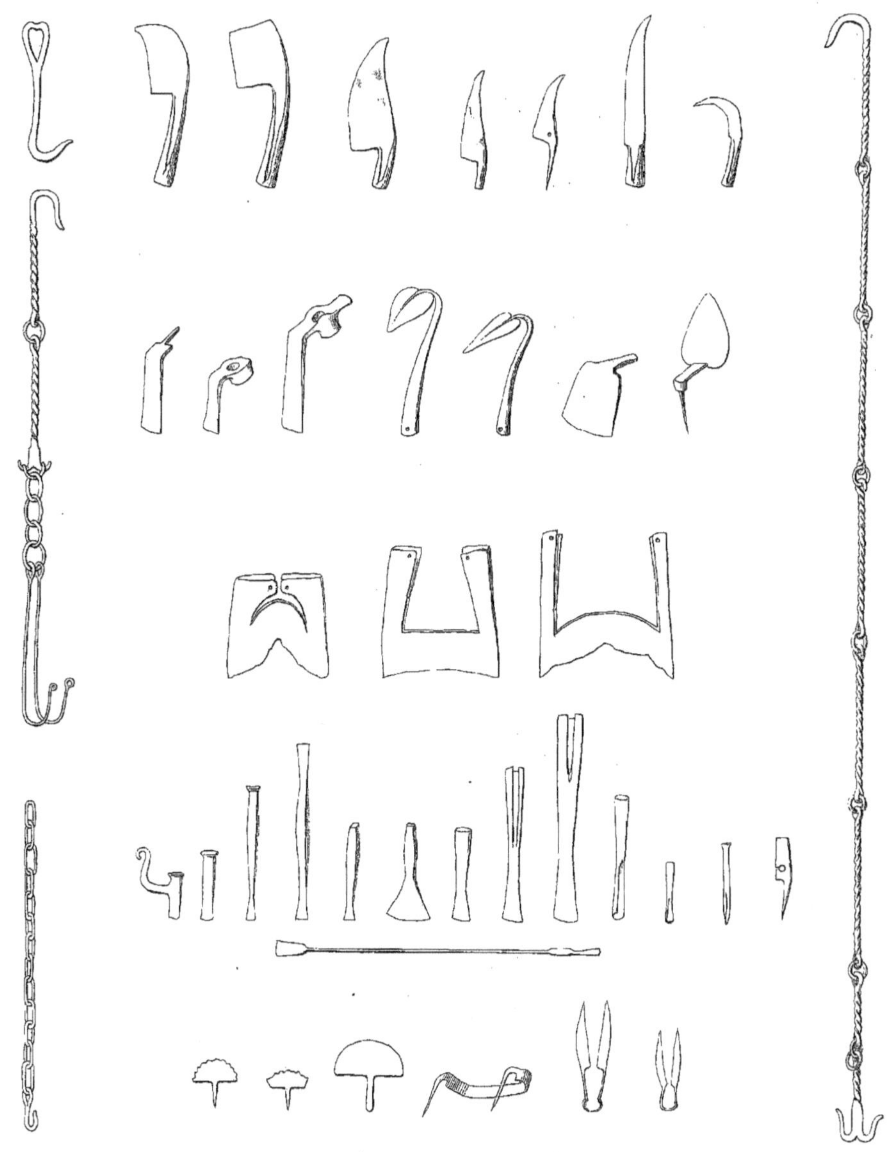

Au 10ème de la grandeur réelle

V. Cauchemé, del.

…on Compiègne.

SOCIÉTÉ HISTORIQUE DE COMPIÈGNE

FOUILLES ARCHÉOLOGIQUES EXÉCUTÉES AU MONT-BERNY (Forêt de Compiègne)

CAVE GALLO-ROMAINE DÉCOUVERTE EN 1865

Cette cave est construite en moëllons et pierres taillés avec soin. Des pilastres en appareil de forte dimension sont en saillie sur le parement intérieur. Une niche en moëllons taillés est établie à droite en descendant la cave.

VUE PERSPECTIVE

PLAN

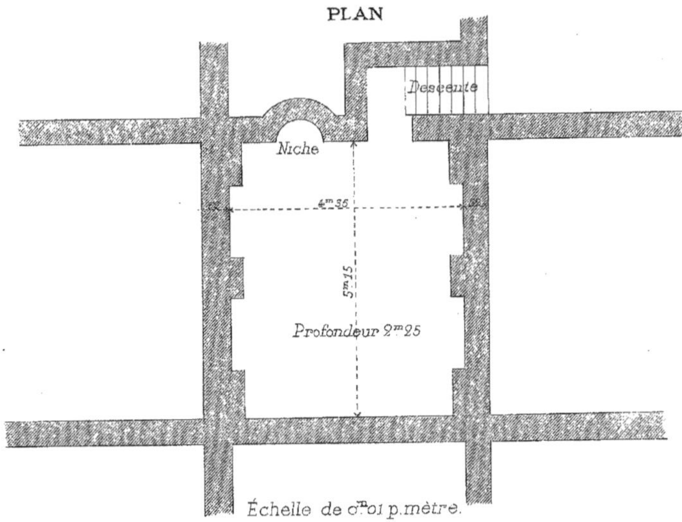

V. Cauchemé, del.

SOCIÉTÉ HISTORIQUE DE COMPIÈGNE

FOUILLES ARCHÉOLOGIQUES EXÉCUTÉES AU LIEU-DIT LA CARRIÈRE-DU-ROI (Forêt de Compiègne)

CAVE GALLO-ROMAINE DÉCOUVERTE EN 1867

VUE PERSPECTIVE

Le sol de la cave est en argile. Il a été trouvé une grande quantité de tuiles romaines.

PLAN

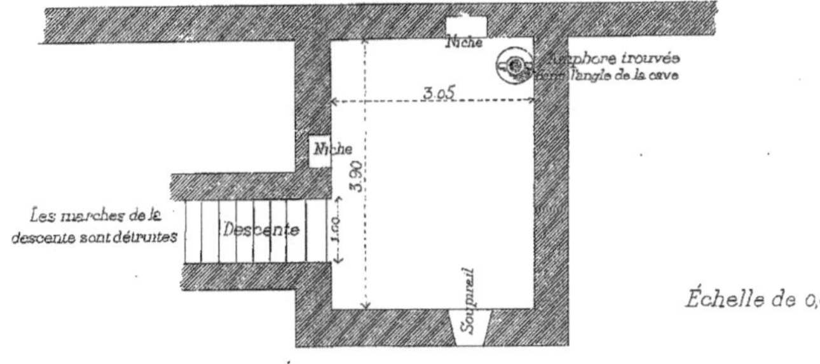

Échelle de 0,01c p mètre

Chaussée romaine

V. Cauchemé, del.

Bour-sen Compiègne

ave N°3

SOCIÉTÉ HISTORIQUE DE COMPIÈGNE

FOUILLES ARCHÉOLOGIQUES EXÉCUTÉES AU LIEU-DIT LA CARRIÈRE-DU-ROI (Forêt de Compiègne)

CAVE GALLO-ROMAINE DÉCOUVERTE EN 1865

VUE PERSPECTIVE

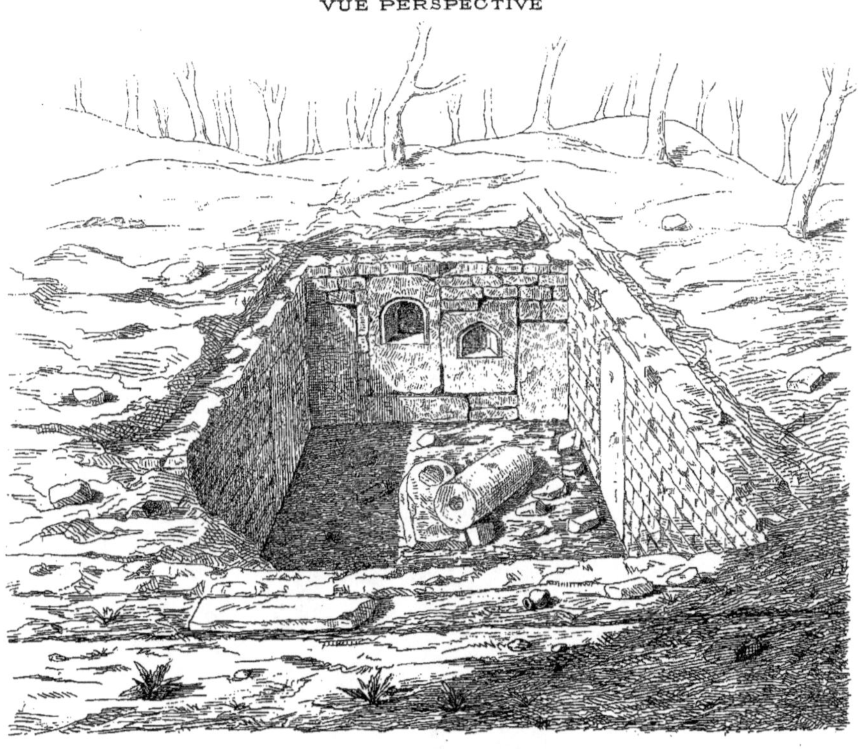

PLAN

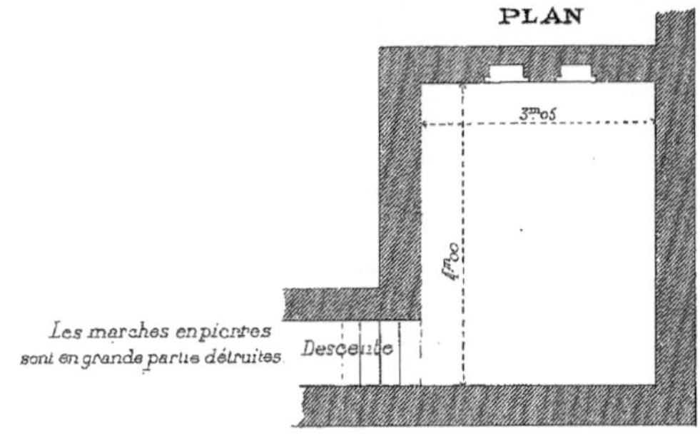

Hauteur de la cave. 2m15

Échelle de 0m01 p. mètre

Chaussée romaine

V. Cauchemé, del.

ave N° 4

SOCIÉTÉ HISTORIQUE DE COMPIÈGNE

OUILLES ARCHÉOLOGIQUES EXÉCUTÉES AU LIEU-DIT LA CARRIÈRE-DU-ROI (Forêt de Compiègne)

CAVE GALLO-ROMAINE DÉCOUVERTE EN 1867

VUE PERSPECTIVE

PLAN

ıcher en terre existait sur
es parties des murs.
ontre d'un grand nombre
et d'ustensiles de cuisine.

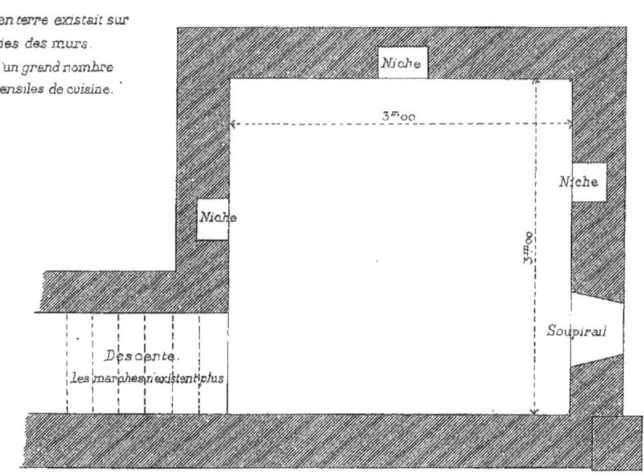

Échelle de 0m02 p. mètre.

V. Cauchemé, del.

Compiegne

SOCIÉTÉ HISTORIQUE DE COMPIÈGNE

FOUILLES ARCHÉOLOGIQUES EXÉCUTÉES AU LIEU-DIT LA CARRIÈRE-DU-ROI (Forêt de Compiègne)

CAVE GALLO-ROMAINE DÉCOUVERTE EN 1866

VUE PERSPECTIVE

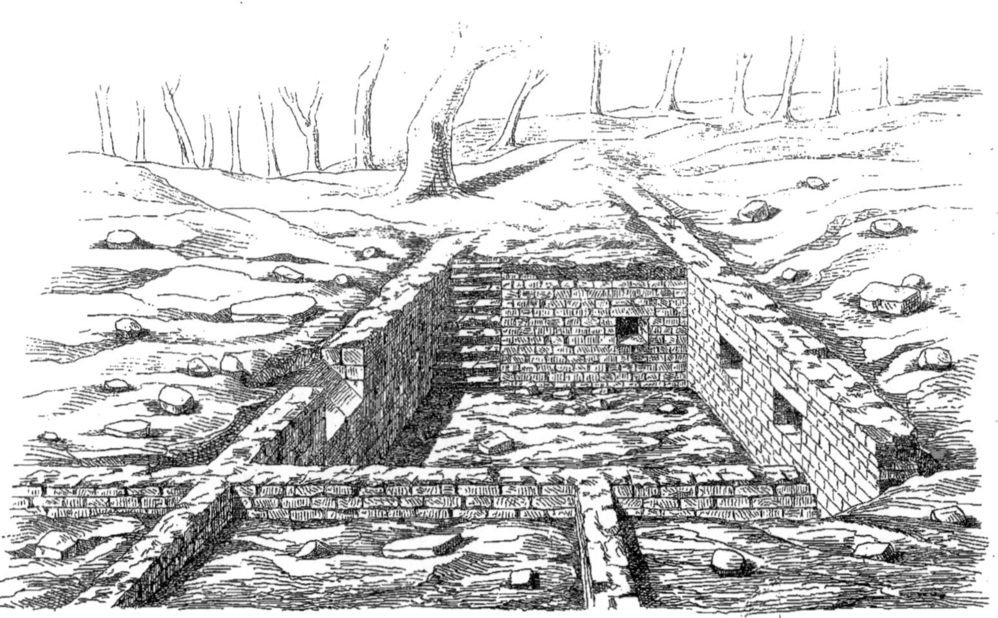

PLAN

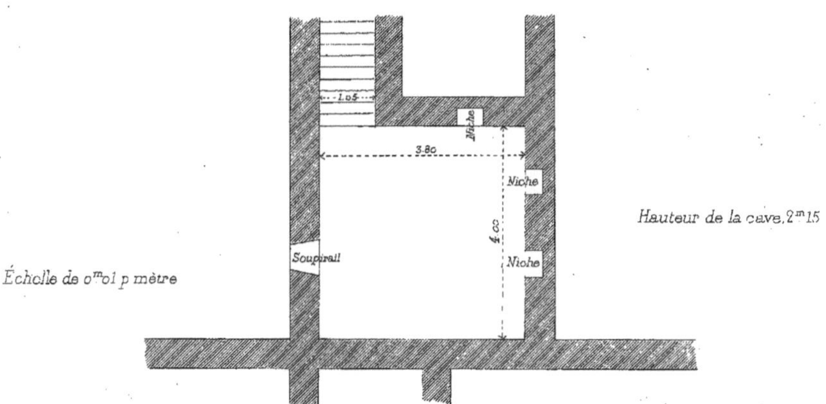

Hauteur de la cave, 2m 15

Échelle de 0m01 p mètre

V. Cauchemé, del.

SOCIÉTÉ HISTORIQUE DE COMPIÈGNE

FOUILLES ARCHÉOLOGIQUES EXÉCUTÉES AU LIEU-DIT LA CARRIÈRE-DU-ROI (Forêt de Compiègne)

CAVE GALLO-ROMAINE DÉCOUVERTE EN 1865

VUE PERSPECTIVE

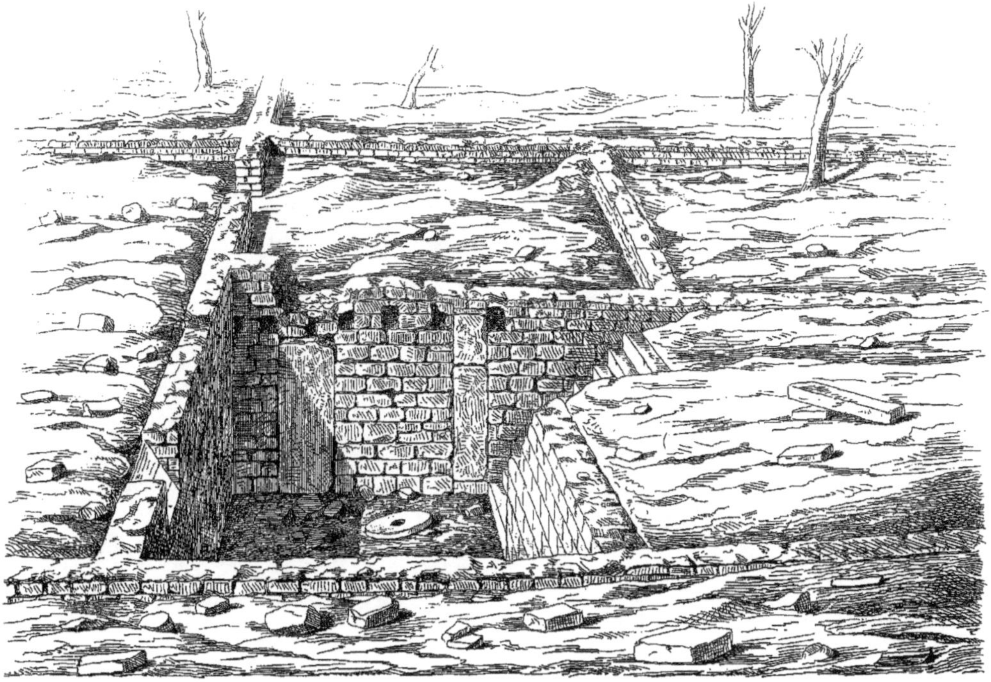

PLAN

Hauteur de la cave 2m10

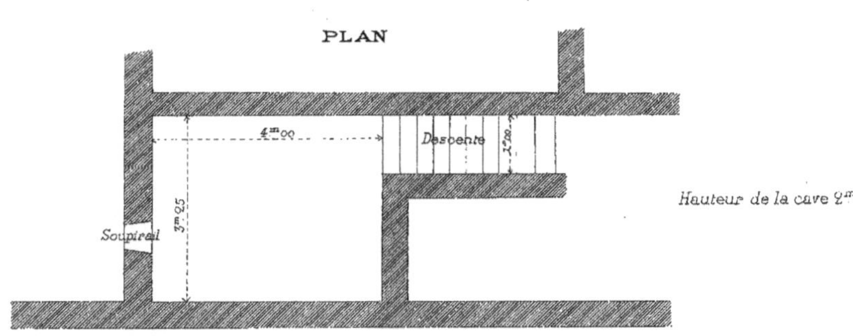

Échelle de 0m01 p. mètre.

V. Cauchemé, del.

...rson. Compiègne.

SOCIÉTÉ HISTORIQUE DE COMPIÈGNE

[F]OUILLES ARCHÉOLOGIQUES EXÉCUTÉES AU LIEU-DIT LA CARRIÈRE-DU-ROI (Forêt de Compiègne)

CAVE GALLO-ROMAINE DÉCOUVERTE EN 1867

VUE PERSPECTIVE

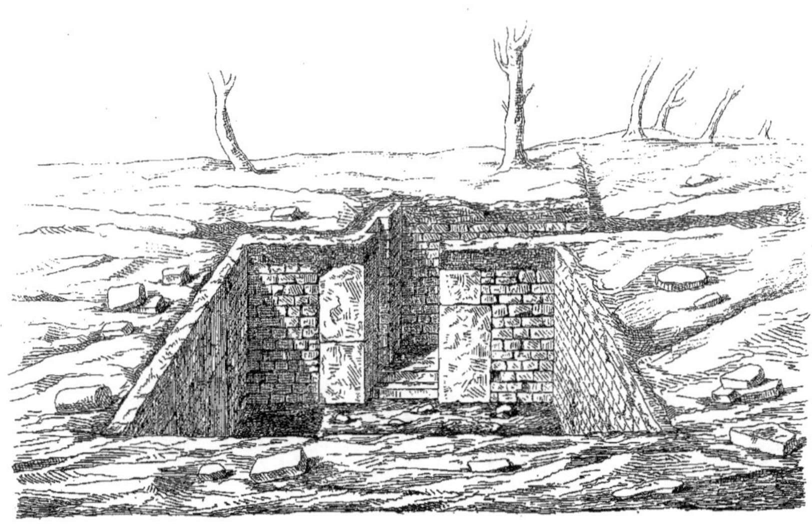

PLAN

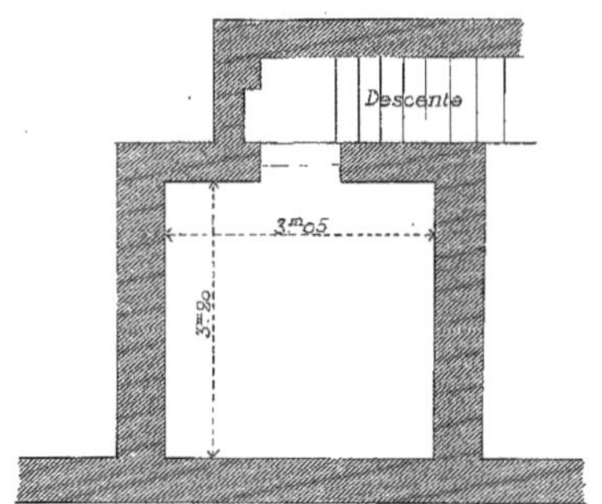

Hauteur de la Cave 2m 15

Échelle de 0m 01 p. mètre.

V. Cauchemé, del.

SOCIÉTÉ HISTORIQUE DE COMPIÈGNE

FOUILLES ARCHÉOLOGIQUES EXÉCUTÉES DANS LA PLAINE DE CHAMPLIEU

CAVE GALLO-ROMAINE DÉCOUVERTE EN 1867
PRÈS DES BAINS ANTIQUES

VUE PERSPECTIVE

PLAN

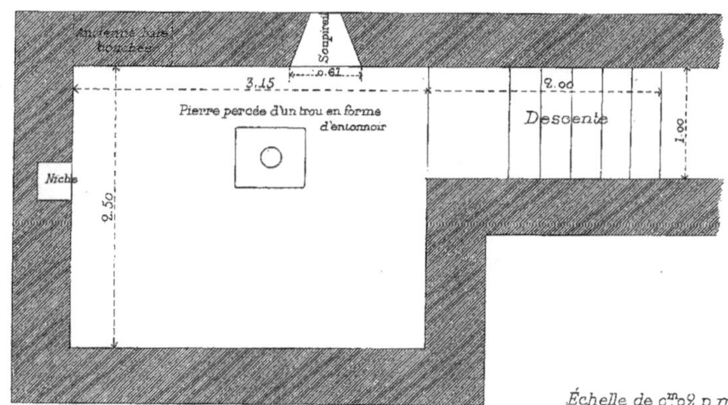

Profondeur de la Cave $2^{m}10$

Échelle de $c^{m}02$ p. mètre

V. Cauchemé, del.

...arson. Compiègne.

SOCIÉTÉ HISTORIQUE DE COMPIÈGNE

Fouilles Archéologiques exécutées dans la Plaine de Champlieu

CAVE GALLO-ROMAINE DÉCOUVERTE EN 1866 PRÈS DES BAINS ANTIQUES

VUE PERSPECTIVE

PLAN

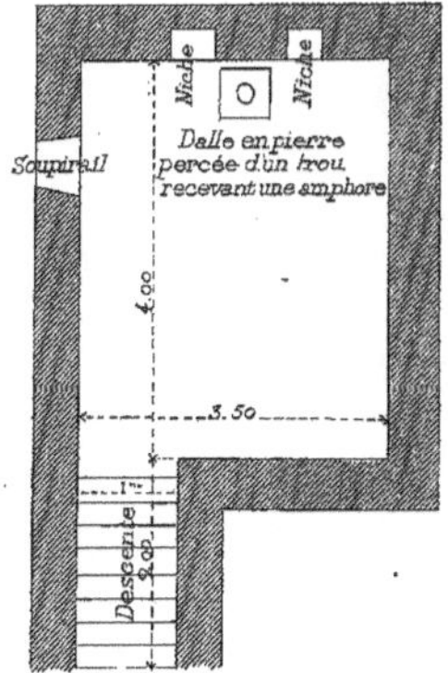

Hauteur des murs de la Cave 2m 20

Échelle de 0m 01 p. mètre.

V. Cauchemé, del.

son, Compiègne.

Cave N° 10

SOCIÉTÉ HISTORIQUE DE COMPIÈGNE

FOUILLES ARCHÉOLOGIQUES EXÉCUTÉES DANS LA PLAINE DE CHAMPLIEU

CAVE GALLO-ROMAINE DÉCOUVERTE EN 1866 A 50M DES BAINS ANTIQUES

VUE PERSPECTIVE

Le sol de la Cave est percé de douze trous circulaires destinés à recevoir probablement des amphores, en raison du nombre considérable des débris de ces vases en terre cuite trouvés au moment de la fouille.

PLAN

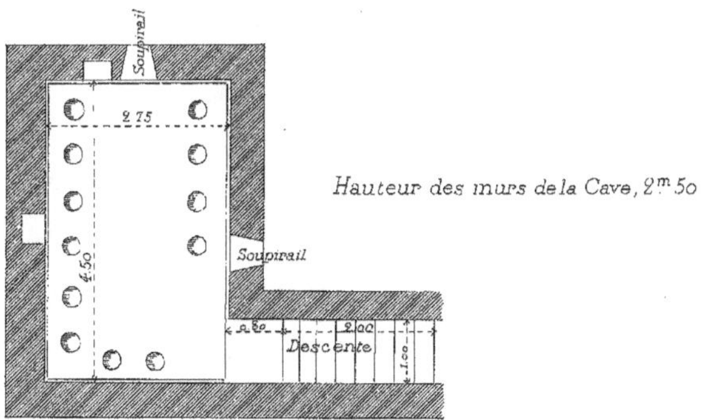

Hauteur des murs de la Cave, 2m 50

Échelle de 0m 01 p. mètre

V. Cauchemé, del.

SOCIÉTÉ HISTORIQUE DE COMPIÈGNE

[F]OUILLES ARCHÉOLOGIQUES EXÉCUTÉES AU LIEU-DIT LE CANTON DES TOURNELLES (Forêt de Compiègne).

CAVE GALLO-ROMAINE DÉCOUVERTE EN 1865

Coupe longitudinale sur AB

Échelle de 0m02 p. mètre.

PLAN

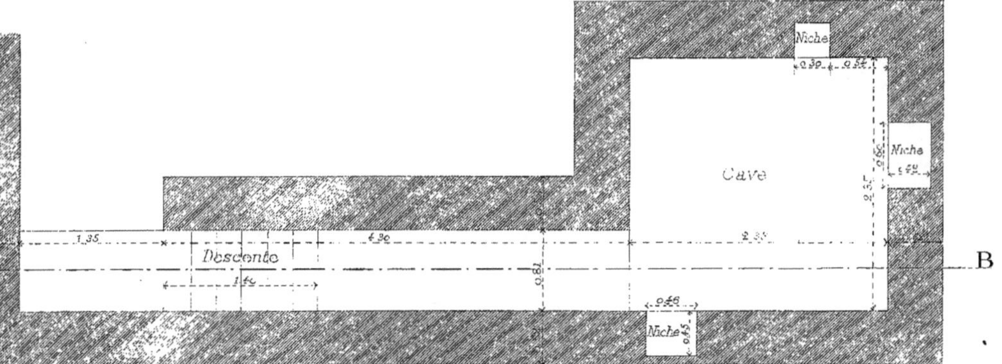

V. Cauchemé, del.

SOCIÉTÉ HISTORIQUE DE COMPIÈGNE

FOUILLES ARCHÉOLOGIQUES EXÉCUTÉES DANS LA FORÊT DE COMPIÈGNE

CAVE GALLO-ROMAINE DÉCOUVERTE EN 1869
PRÈS L'ENTRÉE DE LA ROUTE DU MOULIN (Côté de la Plaine de Compiègne)

VUE PERSPECTIVE

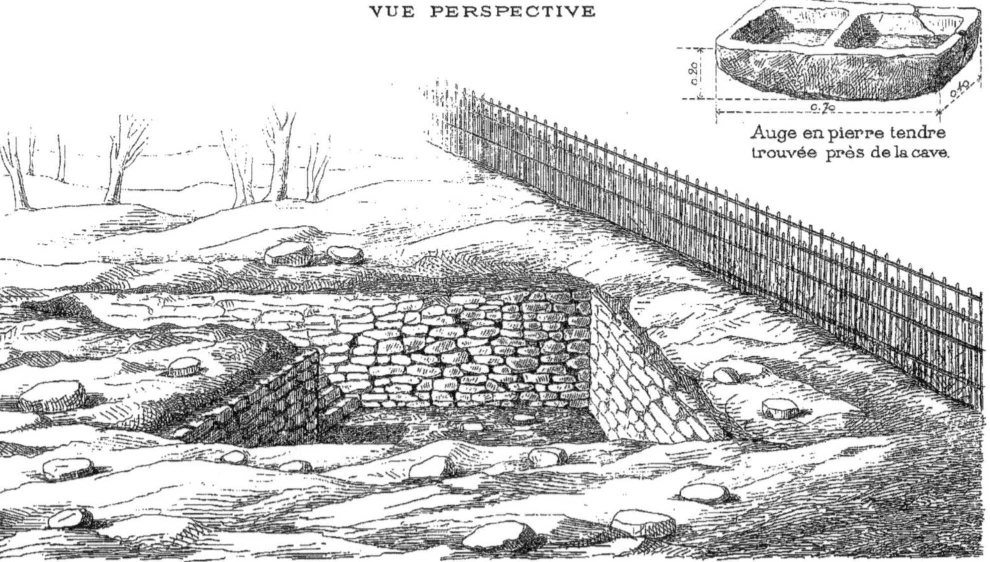

Cave construite en morceaux de pierre dure et de grès avec appareil très grossier et non taillé.
La descente composée de cinq marches en morceaux de grès. (Les autres marches sont détruites).

PLAN

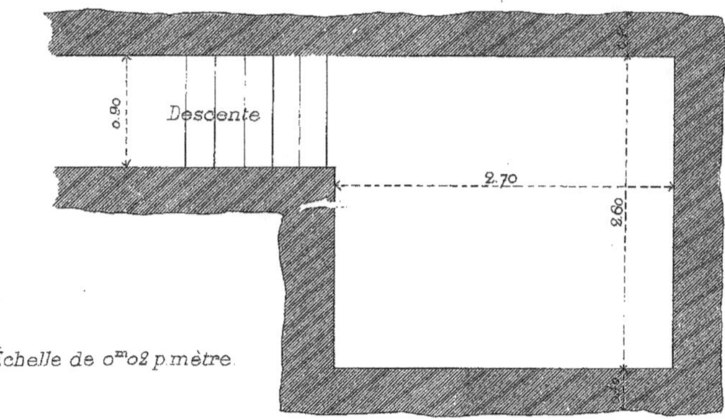

Échelle de $0^{m}02$ p. mètre.

V. Cauchemé, del.

.Compiègne.

COMPIÈGNE

IMPRIMERIE DU PROGRÈS DE L'OISE

17, RUE PIERRE-SAUVAGE, 17

www.ingramcontent.com/pod-product-compliance
Lightning Source LLC
LaVergne TN
LVHW020404230826
846091LV00003B/1145

* 9 7 8 2 0 1 2 8 6 7 6 0 4 *